사춘기 대 중학 생활

일러두기
이 책은 국립국어원 ≪표준국어대사전≫의 표기 원칙에 따랐습니다.
다만 일부 신조어나 유행어는 이야기의 생동감을 위해 살려 두었습니다.

사춘기 대 중학 생활

초판 1쇄 발행 2023년 2월 24일
초판 4쇄 발행 2025년 3월 26일

글   제성은
그림 이승연

펴낸곳 도서출판 개암나무(주)
펴낸이 김보경
경영관리 총괄 김수현   **경영관리** 배정은 조영재
편집 조원선 김소희 오은정 이혜인   **디자인** 이은주   **마케팅** 이기성
출판등록 2006년 6월 16일 제22-2944호

주소 서울특별시 용산구 한남대로40길 19, 4층(한남동, JD빌딩) (우)04417
전화 (02)6254-0601, 6207-0603   **팩스** (02)6254-0602   **E-mail** gaeam@gaeamnamu.co.kr
개암나무 블로그 http://blog.naver.com/gaeamnamu   **개암나무 카페** http://cafe.naver.com/gaeam

ⓒ 제성은, 이승연, 2023
이 책의 저작권은 저자에게 있습니다.
저자와 출판사의 허락 없이 내용의 일부를 인용하거나 발췌하는 것을 금합니다.

ISBN 978-89-6830-751-5 73810

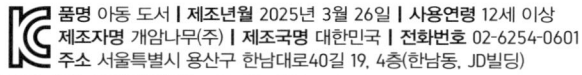

사춘기 대 중학 생활

글 제성은   그림 이승연

개암나무

차례

1학기

반 배정 요정님이시여! ··· 14
궁금해 중생봇: 학교와 반 배정

나도 중딩이다! ··· 23
궁금해 중생봇: 교복

선생님 월드컵 ··· 33
궁금해 중생봇: 중학교 교과목

동아리 오디션 ··· 40
궁금해 중생봇: 학교 동아리

만우절 교실 어택 ··· 50
궁금해 중생봇: 자유 학기제

팝스 말고 팝콘을 달라! ··· 59
궁금해 중생봇: 팝스

상장 앞에서 열폭! ··· 68
궁금해 중생봇: 교내 대회 수상

비호감 사총사
여드름, 피지, 블랙헤드, 떡진 머리 ··· 76

벚꽃의 꽃말은 ··· 83
궁금해 중생봇: 중학교의 평가들

댄스부 공연 연습 · · · 91

'갓생' 사는 공부의 신 · · · 98
궁금해 중생봇: 지필 고사(중간고사, 기말고사) 공부

분열과 파국의 반 대항 피구 대회 · · · 106

보건실과 위클래스 · · · 113
궁금해 중생봇: 봉사 활동

여름 방학

방학 계획은 찬란하였지 · · · 124

소민 언니의 성적표를 사수하라! · · · 134

뛰는 놈 위에, 나는 나이스 · · · 143
궁금해 중생봇: 나이스 대국민서비스

교복 입고 놀이공원 · · · 150
궁금해 중생봇: 청소년증 발급

개학이 코앞인데, 교복이 작아졌다 · · · 158

2학기

긴급 속보! 아빠가 학교에 온다! ··· 166

빛이 나는 솔로 ··· 172

진로는 어려워 ··· 182
궁금해 중생봇: 고등학교 진학과 진로

코노, 인형 뽑기, 그리고 인생 네 컷 ··· 188

누가 부회장이 될 상인가! ··· 194
궁금해 중생봇: 전교 임원 선거 및 학생회

모두의 축제, 나의 흑역사 ··· 201

놓을 수 없는 스마트폰 ··· 207
궁금해 중생봇: 스마트폰 중독 자가 진단

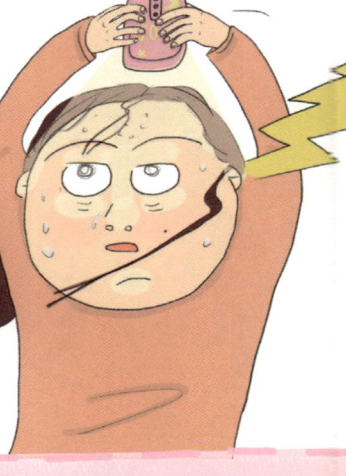

겨울 방학

현타 진행 중!	··· 220
학원과 스터디 카페, 그리고 헤어짐	··· 227
궁금해 중생봇: 학원 vs 과외 vs 인터넷 강의	
사춘기 대 중학 생활	··· 236

중학교 1년 학사 일정

월	2월	3월	4월	5월	7월
주요 학사 일정	· 중학교 배정 · 반 배치 고사	· 입학식 · 반 회장 선거 · 기초 학력 진단 평가 · 학부모 상담	· 1차 영어 듣기 평가 · 각종 수행 평가	· 체육 대회 · 각종 수행 평가 · 체험 학습	· 여름 방학

★ 학사 일정은 각 학교마다 다를 수 있으니 자세한 내용은 각 학교 홈페이지를 참고해 주세요.

8월	9월	10월	12월	1월	2월
· 여름 방학 · 개학식	· 2차 영어 듣기 평가 · 학부모 상담	· 체험 학습 · 각종 수행 평가 · 축제	· 전교 학생 회장 선거	· 겨울 방학	· 종업식 · 반배정

작가의 말

중학교에 입학하는 친구들에게

여러분, 안녕하세요! 저는 이 책을 쓴 제성은 작가입니다. 이 책을 본다는 건, 중학교 입학을 앞두었다는 뜻이겠지요? 아니면, 중학 생활에 관심이 많다거나요.

혹시 《사춘기 대 갱년기》, 《사춘기 대 아빠 갱년기》도 읽었나요? 그 책들을 읽었다면 이 책을 더욱 재미있게 읽을 수 있을 거예요. 그 책에서는 5학년의 루나, 6학년의 루나를 만날 수 있거든요. 이번 책은 루나가 예비 중1부터 중학교 1학년 생활을 겪어 가는 과정을 담았지요. 한마디로, 루나가 '처음 만난 중학 생활'의 좌충우돌을 담고 있지요. 중학생이 되는 나이부터 청소년이라고 정의하곤 하는데요. 사춘기를 겪는 청소년들이 '질풍노도'의 정점에, 하필이면 '처음' 중학생이 되지요.

이 책을 쓸 즈음에는 저희 아이가 중학생이었습니다. 코로나가 시작되던 때 중학교에 입학하였지요. 입학식도 온라인으로 하고, 6월에서야 겨우 학교에 처음 등교했는데요. 마스크를 끼고 교실에서 친구들과 수업을 듣고, 축제마저 온라인으로 하는 걸 보면서 참 마음이 아팠어요. 코로나가 지나고 나면, 중학 생활을 좀 더 즐길 수 있길 바랐지요. 그래서 중학 생활을 기대할 수 있도록 재미있는 이야기로 들려주고 싶었답니다. 좋은 친구들과 선생님과 소중한 추억을 쌓는 시간이 얼마나 소중한지 알려 주고 싶었지요. 무엇보다 자기 자신을 아름답게 키워 가는 중학 생활을 하길 바라며 이 이야기를 썼습니다. 먼 훗날 학창 시절을 돌아보았을 때, 여러분의 중학 생활이 시작되던 이 시기가 행복했던 기억으로 남았으면 좋겠어요.

    여러분의 새로운 시작! 축하의 인사와 함께 응원의 마음을 전합니다.

제성은

반 배정 요정님이시여!

나, 이루나. 폭풍 같은 사춘기, 아니, 조금 더 업그레이드된 사춘기 시즌 2를 보내고 어느덧 열네 살이 되었다.

열네 살에게는 무엇보다 중요한 사실이 있다. 신분이 바뀐다는 것이다. 6년을 다닌 초등학교를 떠나 중학교에 간다.

초등학교 졸업을 앞둔 열네 살의 어느 날, 나에게도 '중학교 배정 통지서'가 날아들었다. 배정 통지서는 내가 앞으로 다닐 중학교를 알려 주는 종이다.

우리 동네에는 중학교가 두 곳 있다. 집 주소를 기준으로 그중 한 곳에 배정된다. 같은 아파트에 사는 나와 지희, 지수, 그리고 준수까지, 우리는 모두 같은 학교가 되었다.

"당연히 같은 학교지! 다른 학교 가는 게 더 이상하지!"

혹시 모를 운명의 수레바퀴가 우리를 나누어 놓을까 봐 걱정했었다. 특히 셋은 다 같은 학교에 가고, 나만 혼자 뚝 떨어질까 봐 더 걱정되었다는 건 안 비밀이다.

어쨌거나 나와 지희, 그리고 지수는 얼싸안고, 한 바퀴를 휘휘 돌았다. 곁에서 준수가 흐뭇한 표정으로 웃고 있었다.

"아아, 난 중학생 되는 게 너무 좋아!"

지희는 이미 교복을 입은 것처럼 양손으로 치마를 잡은 시늉을 한 채 빙글빙글 돌았다.

"응? 언제는 졸업하기 싫다고 했잖아?"

"그런데 교복이 너무너무 입고 싶어!"

"엥? 교복을?"

"응! 드라마에 나오는 교복은 하나같이 정말 예쁘잖아. 나의 로망이야!"

이럴 때 보면, 지희는 정말이지 어릴 때랑 변한 게 없다.

예쁜 교복에 대한 꿈을 깨 준 건 지수였다.

"그런데 이게 우리 학교 교복이잖아."

지수가 스마트폰으로 보여 준 교복은, 재킷과 치마 모두 비둘기색이었다. 내 머리 위로 비둘기 세 마리가 빙글빙글 도는 것 같았다.

"아니, 다른 학교는 야구 점퍼도 있고, 넥타이가 아니라 리본이고, 체크무늬 스커트던데!"

지희가 한숨을 거푸 내쉬었다.

"아, 뭐야! 진짜 우리 학교는 왜!"

내가 발끈했다. 그런데 불만을 늘어놓으면서도, 그 누구 하나 표정이 일그러지지 않았다. 이상하게 기분이 나쁘지만은 않았다. 그냥 불평불만을 늘어놓는 게 은근히 재미있었다. 게다가 '우리 학교는 왜!'라고 할 때는 짜릿하기까지 했다. '우리 학교'는 초등학교가 아니라 중학교였으니까.

6년이나 다닌 초등학교와 그렇게 쉽게 이별할 수 있냐고 물어도 할 수 없다. 그냥 중학교 이야기를 하니까 내가 갑자기 꽤 많이 큰 것 같고, 진짜 청소년이 된 것 같았다. 1학년부터 6학년까지, 6년이라는 어마어마하게 긴 시간을 무사히 건너왔기에 기분이 좋은 거다. 1학년과 6학년을 한데 묶는 초등학교는 유대감이 좀 떨어진다. 중학생은 조금 더 또래 집단으로 묶이는 기분이랄까? 같은 놀이터에서 놀더라도 고학년인 우리가 뛰어놀면 저학년 애들 다친다고 한 소리 듣곤 했다고!
　학교 앞을 걸어가다가 언니, 오빠들이 교복을 입고 다정하게 어깨를 맞대고 지나가는 것을 보며 웃었다. 곧 나도, 저렇게 다니겠지.

　드디어 비둘기색 교복을 맞춰 놓고 기다리고 기다리던 '그날'이 왔다. 오늘 드디어 우리가 다닐 중학교 홈페이지에 1학년 반 배정 결과가 올라온다.

오늘 몇 시에 발표야?

3시래.

나는 반 배정 요정님을 떠올리며 기도했다.

"반 배정 요정님, 아시죠? 저요, 딱 한 가지 소원이 있어요! 제발 친구들과, 아니 아는 친구 한 명이라도 같은 반 되게 해 주세요! 제발요!"

나는 두 손을 모으고 연신 기도했다. 시간은 정말 지겹게도 안 갔다. '1분이 이렇게 길었구나.' 하고 혼잣말을 했다.

"엄마, 3시 언제 와?"

"시계만 계속 보면 3시가 오니? 다른 일을 해 봐. 참, 3시면 학원에 있을 시간 아니니?"

아차! 내가 기다리고 또 기다리던 3시는 하필이면 학원에서 한창 수업을 할 시간이었다.

내가 학원에 가 있는 동안 1년을 결정하는 중차대한 일이 벌어진다니. 하는 수 없다. 나는 학원을 빠지기로 결심했다.

하지만 뛰는 이루나 위에 나는 수학 학원 선생님이 있었다.

이루나! 학원 안 오냐? 엄마한테 이른다! 얼른 튀어 와라!

'아씨!'

그러거나 말거나 무시하려고 했다.

반 배정 실시간으로 확인해 드림.

'아, 이건 못 참지.'

빠질 이유가 없어졌다. 그래서 어쩔 도리 없이 학원으로 향했다. 다른 아이들은 반 배정 날이어도 평온해 보이는데, 내 마음만 왜 이렇게 들썩이는 걸까? 나만 이렇게 피가 끓는 건가?

"오, 이루나. 왔구나?"

수학 수업은 계속해서 진행되었고, 드디어 3시가 다가왔다. 선생님은 약속대로 모니터에 우리 학교 홈페이지를 띄워 주었다.

"자! 한 사람씩 나와서 확인!"

'뭐야. 같은 반을 다 피해 가네!'

내 답만 정답을 쏙쏙 피해 가듯, 아이들은 서로서로 다른 반이었다. 드디어 내 차례. 아는 얼굴만 있어라, 제발, 제발.

이루나 - 1학년 10반 12번

'이런!'

수업이 끝나자마자 톡이 엄청나게 왔다.

내가 착각했다. 고요해서 나만 반 배정을 기다린 줄 알았더니, 한바탕 난리가 났다. 이전에 온 톡을 미처 확인하기도 전에 새로운 톡이 쏟아졌다.

결론적으로 나는 반 배정 요정님의 선택을 받지 못했다. 나만 못 받은 게 아니라 지희도, 지수도, 준수도, 모두 반 배정 요정님에게 선택받지 못했다. 그중 내가 최악이었다. 반 배정 요정님을 만난다면, 정말 싸우고 싶다. 카톡 프로필 메시지를 통해서 나와 같은 10반을 찾을 수 있었는데, 그건 바로…….

김수호.

아는 얼굴만 있길 빌었더니, 어쩐 일인가요, 김수호라니요. (《사춘기 대 갱년기》 88페이지를 참고하세요. 아니! 제 흑역사니까 굳이 찾아보지 마세요. 제가 그냥 세 줄로 요약해 드립니다.)

내가 먼저 고백했다.

대차게 차였다.

그런데 같은 반.

학교와 반 배정

루나: 똑똑.

중생봇: 안녕, 난 중학교 생활에 대해 무엇이든 알려 주는 중생봇이야. 뭐가 궁금하니?

루나: 중학교는 어떻게 배정되는 거야?

중생봇: 네가 사는 지역의 교육청마다 기준이 조금씩 달라. 각 지역 교육청에서 매년 새롭게 계획을 세워서 해당 지역의 학교에 공문을 보내는데, 그 기준에 따라 진행돼. 그러니까 네가 사는 지역의 교육청에 전화해서 중등 배정 담당자에게 문의하는 게 가장 정확해.

루나: 뭐야? 너도 모른다는 거네?

중생봇: 흠흠. 끝까지 들어 보라고. 일반적으로 추첨에 의해 거주지 학군* 내 소재 중학교에 배정돼. 이때 교통편을 참고한대. 또 학교의 수용 능력에 한계가 있거나 남녀 학생 비율이 너무 차이 나는 경우에는 교장 선생님끼리 합의해서 근처 학군으로 배정하기도 한다더라?

루나: 그럼 반 배정은 어떻게 하는 거야?

중생봇: 국어, 수학, 영어 등 주요 과목들을 시험 봐서 반을 나누기도 하고, 학교 자체 규정에 따라 '랜덤'으로 배정하기도 해. 배정 통지서를 내고 받는 안내문에 나오니 그걸 확인해 봐.

루나: 제발 우리 학교가 시험 안 보는 학교이길!

학군 지역별로 나누어 설정한 몇 개의 중학교 또는 고등학교 무리.

나도 중딩이다!

드디어 첫날이다. 입학식이라는 뜻이다. 하지만 나는 입학을 하기도 전에 지쳤다. 이렇게 긴 교복 치마를 입는 사람이 요즘 어디 있다고. 이 문제로 얼마나 싸웠는지 모른다. 하아.

"금방 자라는 시기니까 한 사이즈 큰 거 사야 해."

엄마와 아빠는 잘 알지도 못하면서. 내가 자꾸 싫다고 하니까 사춘기라 못 말린다나? 우리 두부가 치맛단을 좀 물어뜯어서 짧게 만들어 주길 바랐다. 하지만 뭔데? 왜 말을 거꾸로 알아듣고 내 치마를 휘휘 피하는 건데?

며칠 동안 고민을 하고 또 하다, 그냥 포기해 버렸다. 포기하고 나니 편안했다. 얼른 내 키가 쭉쭉 커 버리기만을 바랐다. 그래서 잠을 많이 잤다. 그런데 긴장을 너무 풀었나 보다. 일어났더니, 시간이!

"아씨, 첫날부터 지각하면 안 되는데!"

나는 다리를 동동거리며 엘리베이터를 기다렸다. 기다리면서 교복 치마를 여러 번 접었다. 한 번 더 접어, 말아, 고민할 때였다. 옆집에서 나와 같은 교복을 입은 아이가 나왔다. 나는 흠칫 놀랐다. 아무래도 얼마 전에 이사 온 것 같았다. 그 아이를 힐끔 바라보다가 눈이 딱 마주쳤다.

"안녕?"

그 아이가 나에게 먼저 인사를 했다. 나도 못 할 건 없지.

"안녕!"

"몇 반이야?"

"10반인데?"

"정말? 우리 같은 반인가 봐. 나는 소민이야."

"저, 정말?"

반 배정 요정님이시여! 어제 제가 너무 욕을 했군요. 그거 다 들으셨나요? 어떻게! 어떻게! 같은 아파트, 같은 동, 같은 층에서 같은 반을 만나게 해 주셨나요! 큰 뜻이 있으셨군요!

"꺄아아악!"

소민이와 나는 서로 얼싸안고 마구 소리를 질렀다.

"아, 오늘 가방 겁나 무겁지? 수업이 국어, 영어, 수학 다 든

게 실화냐? 게다가 우리 국어 샘, 하필 민경태 샘이야. 망했어."

소민이가 한숨을 훅 내쉬며 말했다.

"샘을 벌써 알아? 언니 있어?"

"응. 있어. 3학년. 완전 재수탱이. 근데 샘이 보내 준 시간표에 나오잖아."

그러고 보니, 본 것도 같고. 우리 반 아이들 단톡방이 있었는데, 소민이라는 이름은 본 적이 없는 것도 같다.

"와, 중학교는 진짜 1년을 다녀도 적응이 안 돼."

"응? 1년을 다녔다고?"

그 순간, 등줄기가 오스스한 것이, 잘못돼도 한참 잘못되었다는 것을 깨달았다.

어쩐지 소민이의 교복이 왠지 모르게 조금 낡아 보였다. 그러니 내가 모르는 이야기를 하는 게 당연하다. 같은 교복을 입었다고 해서 동갑이 아닐 수도 있는 것. 너무 늦게 알았다. 결정적으로 1년을 다녔다니.

'망했다!'

엘리베이터가 너무 좁고 너무 느리다. 소민, 아니 아무래도 언니일 것 같은 저분도 그걸 느낀 걸까? 우리 사이에 침묵의 몇 초가 지나가고 드디어 엘리베이터가 열렸다. 이럴 때, 스피드가 생명이다. 나는 뛰었다.

"같이 가자!"

소민이, 아니 소민 언니가 쫓아왔다. 하지만 내가 누군가. 초등학교 5학년 운동회 때 이어달리기 반 대표였던 몸이 아니던가!

'고맙다. 내 다리야.'

나는 앞만 보고 뛰었다. 그러다 한참 후에 돌아보았더니, 없었다. 다행이었다. 간이 부어도 보통 부은 게 아니다. 한 학년 선배가 제일 무섭다던데, 대뜸 '너'랑 '야'라니. 지나가다 만나더라도 피해야 했다. 그나마 다행인 건 내가 그다지 특색 있게 생기지 않았다는 것이다. 그리고 또 하나, 내 이름을 밝히지 않았다.

"후유."

다행이고, 또 다행이었다.

교실에서 화면으로 교장 선생님 훈화 말씀을 듣는 것으로 입학식을 대신했다. 자유 학년제라고 너무 들뜨지 마라, 자유 학년제니까 자기가 하고 싶은 것을 찾아라, 블라블라.

쉬는 시간이 되었다. 입학식을 하자마자 6교시를 한다는 것은 정말이지 비호감이었다. 어쩌면 그렇게 학교에 묶어 두려 하는지. 그렇지만 초긍정의 힘을 발휘해 보기로 했다. 입학을 하자마자 '빡세게 중학교 생활을 알려 주마!'라고 하는 학교의 자세를 높이 사기로 했다. 난 이제 중학생이니까!

나는 우리 반 아이들을 휘휘 둘러보았다. 그러다가 그만, 김수호랑 눈이 딱 마주치고야 말았다.

'어휴.'

'원수는 외나무다리에서 만난다'라는 옛말이 있다는 건 우리 조상님들도 이런 '대략 난감'한 일을 꽤나 겪었다는 증거일 것이다. 조상님들이 이런 대략 난감한 상황을 나타내는 말만 만들지 말고, 그럴 때 어떻게 해야 하는지도 남겼다면 얼마나 좋았을까? 그래서 나는 오늘 다짐했다. 먼 훗날 나의 후손이 지혜를 얻도록 일기에 쓸 것이다.

> 얘들아, 나는 너의 증조할머니의 증조할머니다.
> 너희들은 원수를 외나무다리 위에서 만나면, 피해라!
> 그리고 '심쿵'을 몇 번 했다고 해서
> 함부로 고백하지 말지어다.
> 심쿵 금지, 첫눈에 반하기 금지, 반했어도 다시 보자.
> 알지? 나, 지금 궁서체다.

어쨌든 의식해서 그런지 자꾸만 김수호와 눈이 마주쳤다. 김수호는 누가 봐도 '너 쟤랑 뭔 일 있었냐?'라고 묻고 싶을 만큼

티를 꽉꽉 내며 고개를 돌렸다.

'쪼잔하네.'

그게 벌써 몇 년 전 일인데, 저렇게 티 나게 굴까?

'어휴, 반 배정은 왜 이렇게 폭망한 거야.'

한숨만 푹푹 났다. 이 길고 긴 1년을 어떻게 보내야 한단 말인가. 게다가 아침에 만난 그 언니를 혹시라도 보게 되면 어찌해야 한단 말인가. 중학교 생활 시작부터 사방이 적으로 둘러싸인 것만 같았다.

담임 선생님의 담당 과목이 체육이라는 것과 중년 아저씨라는 것도 마음에 들지 않았다. 내 이름을 부르면서 이런 말도 했다.

"이루나? 뭘 그렇게 이루나?"

에잇, 집에서 듣던 아재 개그를 학교에서까지. 휴. 아이들은 서로 눈치를 보다가 결국 웃었고, 나는 대답만 간단히 했다.

쉬는 시간, 내 앞자리에 앉는 여자아이가 고개를 획 돌렸다. 두 시간 동안 뒤도 안 돌아보던 아이가 말이다.

"안녕, 이루나?"

"응."

"반갑다."

"너, 1학년 맞지?"

아침의 PTSD(외상 후 스트레스 장애) 때문에 학년부터 물었다.

"뭐래? 당연히 1학년 10반에 앉아 있으면 1학년이지."

"다행이다. 두 시간 동안 뒤도 안 돌아보길래, 1년 동안 그 자리에 망부석처럼 앉아 있던 건가 싶었지."

"헐, 너도 좀 내 과구나?"

"응?"

"돌 플러스 아이."

그 아이가 마구 웃어 댔다. 자기가 말한 드립이 꽤 마음에 든 듯했지만, 나는 그렇게까지 마음에 들지는 않았다. 담임 선생님과 다를 바 없었으니까. 어쨌든 그 아이는 자기 이름을 말했다.

"너 내 맘에 쏙 든다. 난 왕빛나야."

왕빛나라는 아이는 이름순에 따라 내 앞 번호였다.

"그래. 반갑다."

빛나가 갑자기 악수까지 청했다.

"반가워. 내 중학교 최초의 친구. 이따 급식실 같이 가자."

"좋지!"

급식실에 함께 간다는 건, 밥을 같이 먹는다는 건, 학교에서 절친행 급행열차를 타는 거다. 낯설던 이름들과 얼굴들을 하나둘 익혀 간다는 것은 어쩌면 짜릿한 일인지도 모르겠다.

하루 만에 일어난 버라이어티한 일들, 교실 안에서 즐기는 롤러코스터. 진짜 어질어질했다. 하지만 롤러코스터는 짜릿하지 않은가. 게다가 타고 나서 또 타고 싶게 만드는 맛도 있다. 난 오늘 하루를 돌아보며 빌고 또 빌었다. 김수호 근처에도 앉지 않기를. 친구들을 많이 사귀기를. 그리고 또 하나, 오늘의 흑역사를 쓰게 한 소민 언니를 만나지 않기를.

교복

루나: 교복! 도대체 왜 이 모양이야?

중생봇: 교복? 교복은 보통 **동복과 춘추복, 하복, 체육복으로 나뉘어**. 입학할 때 맞춘 동복은 주로 봄, 가을, 겨울에 입어. 그러다 하복을 맞추라는 가정 통신문이 나올 거야. 체육복도 마찬가지야. 입학한 다음에 맞추지.

루나: 그, 그래. 그런데 그게 문제가 아니야. 나, 2학년 언니를 못 알아봤어.

중생봇: 못 알아봐? 모르는 사람이면 당연히 못 알아보는 거 아냐?

루나: 아니. 1학년인 줄 알고 친구 먹었다고. 나, 학교 다닐 수 있을까?

중생봇: 교복에 붙은 **이름표 색깔, 체육복 무늬나 색상으로 학년을 구별**하기도 하는데 그걸 몰랐구나. 네 교복이 더 새것이라서 조금 다르지 않았어?

루나: 중학교가 처음인데 그걸 어떻게 알아?

중생봇: 설마 못 알아봐서 '야'라고 부른 건 아니겠지? 그럼 정말 큰일인데…….

루나: …….

중생봇: 그랬구나……. 루나 학교생활 시작부터 험난하다, 험난해.

선생님 월드컵

 랜덤 박스를 아는가? 덕질을 해 봤거나, 문구점 좀 들락거려 본 사람이라면 단박에 알 거다. 한마디로, 뭐가 나올지 모르게 '랜덤'으로 뒤섞인 상자. 그래서 열어 보는 재미가 있는 그것.

 내가 느낀 중학교는 랜덤 박스 같다. 선생님들을 만날 때마다 랜덤 박스를 열 때의 환희와 좌절을 느꼈다. 초등학교 때도 영어나 과학, 혹은 체육 선생님이 따로 계시긴 했다. 그렇지만 거의 담임 선생님께서 모든 과목을 가르쳐 주었다. 중학교는 과목별로 선생님이 다르다. 초등학생 때 '체육'이 들었나 안 들었나로 그날의 기분이 결정되었다면, 중학생 때는 1교시 선생님에 따라 하루를 맞이하는 기분이 달라진다.

 국어 선생님. 젊고, 귀여우시고, 말투도 상냥하다. 한마디로,

인기 짱이다. 물론, 그 인기를 유지하는 데 나도 한몫하고 있다. 문제를 맞히거나 인사라도 하면 도라에몽의 요술 주머니처럼 선물을 꺼내신다. 선물은 주로 달콤한 간식. 그러니 달콤한 선생님이라고나 할까?

수학 선생님. 계산하다가 가끔 숫자를 바꿔서 쓰시고는 '아아악!' 소리를 지르시는 중년의 여자 선생님이다. 수학이라는 과목은 무척이나 '극혐'이지만, 선생님이 아주 싫은 건 아니다. 하지만 과목의 싫음 정도가 선생님의 호감도를 단숨에 압도해 버린다. 번호가 12번이고, 오늘이 12일이라면, '문제 풀이'를 벗어날 수가 없다. 선생님이 아무리 좋아도, 이건 정말 최악이다.

영어 선생님. 학년 주임 선생님이다. 늘 뛰어다니는 아이들을 잡으러 다니느라 바쁘시다. 영어를 가르쳐 주시다 자꾸 샛길로 새는 날이 많다. 우리 아빠에게 많이 듣던 '라떼' 시리즈로 자꾸 웃기려고 하신다.

며칠 전, 1교시 수업이 영어였다. 종이 울리고 앞문이 벌컥 열리더니, 영어 선생님의 실내화 한 짝이 먼저 휙 들어왔다. 영어 선생님이 들어오며 할 말이 예상되어서 내가 먼저 외쳤다.

"실내홥니다."

그러자 영어 선생님이 나에게 뚜벅뚜벅 다가오며 말씀하셨다.

"오, 신문이 일하러 가면?"

"음…… 일간 신문?"

"포도가 귀엽게 자기 소개할 땐?"

"포도당?"

쿵, 하면 짝, 하고 맞았다. 아, 제발 이제는 나도 그만 맞히고 싶은데, 우리 아빠랑 같은 유머집을 읽으셨는지, 내가 아는 문제만 내시는 거다. 그뿐인가. 자꾸 뜻이 같은 단어를 반복하며 웃기려고 하신다. 예를 들면 이런 거다.

"오, 이 어둠의 다크니스 같은 아이야. 오, 너의 수업 태도는 전설의 레전드구나. 이 반, 클래스에는 영어 잘하는 애가 누구니?"

듣기만 해도, 할 말이 없어지는 선생님의 농담. 이 농담이 취향에 맞는 건 우리 반에 유일한 온니 원, 내 친구 왕빛나뿐이다. 빛나는 영어 수업 시간에 숨이 넘어갈 것처럼 웃는다. 황금 어금니를 다 드러내고 말이다.

과학 선생님은 젊은 남자 선생님이다. 처음에는 과묵한 줄 알았는데, 시시콜콜 잔소리 대마왕이셨다. 게다가 과학 과목은 왜 이다지 어려운지.

가장 하이라이트는 체육 선생님. 세상에서 '하나 둘 셋'을 가장 좋아하는 분. 알고 있겠지만 우리 담임 선생님이다. 체육은 좋지만, 선생님은 무섭고 좀 두렵다. 그런데, 나는 체육을 잘한다. 또다시 맞이한 이 부조화를 어찌 해결해야 할지. 과목도 좋고, 선생님도 좋고, 나도 잘하기, 라는 삼위일체는 굉장히 어려운 과제인 듯하다.

이 외에도 기술가정, 한문, 음악, 진로 같은 과목들도 선생님이 다 다르다.

며칠 전, 빛나가 나에게 물었다.

"넌 어떤 샘이 제일 좋아?"

내가 대답하기도 전에 빛나는 자문자답이라도 하듯이 말했다.

"난 영어 샘이 좋아."

"누구? 우리 영어 샘?"

"응!"

저렇게 확신에 찬 대답이라니.

"도대체 왜 좋아?"

"개그가 완전 내 스타일이야."

맙소사. 내가 진작 알아봤어야 했다. 아재 개그를 할 때마다 세상 떠나가듯이 웃어 대더니.

"야, 너 스타일 왜 그래? 영어 샘 개그는 완전 라떼잖아."

"너 몰라?"

"뭘?"

"너도 그 스타일이거든? 나, 그래서 너랑 친해지고 싶었어."

나는 입을 쩍 벌리고 빛나를 바라보았다.

치, 친구야. 그러니까 나랑 친해지고 싶은 이유가 하필이면 아재 개그란 거니?

"그래. 너도 웃기잖아. '실내합니다.' 그ㅈ 네가 먼저 말했을 때 나 기절할 뻔했잖아. 웃겨서."

아, 그래서였구나. 네 마음, 아주 잘 알겠다.

나도 어떤 선생님을 좋아하나 마음속에서 선생님 월드컵을 열어 보았지만, 의미가 없었다.

처음부터 끝까지 국어 선생님이 가장 좋았다. 그 이유는, 어느 날 국어 수업을 하다가 나에게 해 주신 ㅇ 말 때문이다. 12일이라 12번에게 책을 읽으라고 하셨고, 내ㄱ 마침 12번이었다. 최대한 차분한 목소리로 책을 읽는 순간, 선생님이 말씀하셨다.

"와, 루나야! 너 목소리 보이시한 게 매력 있다!"

선생님은 잊어버렸을지 몰라도, 나는 그 순간 완전히 선생님에게 사로잡혔다. 매료되었다. 선생님을 볼 때마다 자꾸만 내 목소리를 가다듬게 된다. 내가 이렇게 사소한 것에서 큰 기쁨을 찾다니! 하지만 이건 비밀이다. 그러니까 너무 어린아이 같다고 하진 말아 달라고.

중학교 교과목

루나: 중생봇! 역시 중학교는 초등학교랑 다르더라. 과목마다 선생님이 다르던데?

중생봇: 맞아. 초등학교 때도 과학이나 음악, 체육 같은 과목은 담당 선생님이 계셨지? **중학교는 과목마다 선생님이 다 달라.** 그래서 담임 선생님을 종례 시간에만 만나는 날도 있지.

수업 시간도 5분이 늘어나서 **한 교시당 45분이야.** 학교마다 수업 시작 시간이 조금씩 다르지만 아래 시간표를 참고해 봐.

교시	시간
1교시	9:00-9:45
2교시	9:55-10:40
3교시	10:50-11:35
4교시	11:45-12:30
점심시간	12:30-13:15
5교시	13:15-14:00
6교시	14:10-14:55
7교시	15:05-15:50
종례	수업 후

루나: 5분이나 늘어난 데다 7교시라니!

중생봇: 아, 6교시만 하는 학교도 있어. 그건 학기 초에 시간표로 확인하길 바라.

루나: 그런데 중학교에서 무슨 과목을 배워?

중생봇: 총 7개 교과와 선택 교과로 나눌 수 있어.

> 국어과
> 사회과 - 사회, 역사, 도덕
> 수학과
> 과학 / 기술·가정 / 정보과
> 체육과
> 예술과 - 음악, 미술
> 영어과
> 선택 교과 - 한문, 생활외국어(독일어, 프랑스어, 스페인어, 중국어, 일본어, 러시아어, 아랍어, 베트남어 택1), 보건, 진로와 직업, 환경

루나: 오 마이 갓, 이렇게 많이 배운다고?

중생봇: 국어, 사회, 수학, 과학, 기술·가정, 정보, 체육, 예술, 영어는 기본 과목이라고 할 수 있어. 선택 과목은 학교마다 달라. 어떤 학교는 한문을, 어떤 학교는 생활외국어를 배우지. 이 중에서 두 가지 정도를 선택하는데, 보통 한문과 제2외국어를 많이 선택한대.

루나: 아이고~ 수학도 선택 과목이면 얼마나 좋아! 그러면 나는 무조건 그 중학교에 갔을 텐데 말이야.

동아리 오디션

　1학년은 자유 학년제(지역에 따라 자유 학기제)를 한다. 누군가는 초등학교 7학년이라고 부르고, 누군가는 선행 학습을 할 절호의 기회라고도 한다. 물론, 나에게는 초등학교 7학년 같은 시간이다.

　오늘도 수업이 끝나자마자 나는 지희네 반으로 갔다. 지희네 반이 딱 가운데라서 지수, 준수까지 여기서 함께 모인다. 요즘 우리 사이에서 최대 관심사는 바로 동아리다. 어떤 동아리에 들어가느냐에 따라 1년, 아니 3년이 결정된다.

　특히, 사전 선발을 하는 몇 개 동아리에 들어가려면 아주 치열하단다. 사전 선발 동아리는 방송부, 밴드부, 댄스부, 영화 촬영부 같은 부서들이다. 그런 부서에 관심이 없거나 탈락한다면

창체(창의적 체험 활동) 시간에 동아리를 선택한다. 물론, 심각한 눈치작전이 펼쳐지기도 한다. 까딱하다가는 별로 좋아하지 않는 선생님과 동아리에서까지 만나야 한다.

인기 동아리에 들어가기 위해서는 '가위바위보'를 잘하거나, 클릭을 잘해야 한다. 애석하게도, 나는 둘 다 해당 사항이 없어서 동아리 선택도 하지 못하고 있었다.

"어우, 지희네 샘은 왜 이렇게 종례를 오래 하셔?"

나는 입을 삐죽대며 지수를 바라보았다. 그런데 지수는 대답 없이 벽에 붙은 포스터를 가만히 쳐다보고 있었다.

"뭘 그렇게 봐?"

지수는 손가락으로 포스터를 가리켰다.

"이거 하자."

포스터에는 댄스부 오디션이라는 글자가 쓰여 있었다.

"뭔 부? 댄스부?"

그때 지희가 교실에서 나왔다.

"지희야, 지희야! 이거 봤어?"

지수는 호들갑스럽게 포스터를 가리켰다.

"하자! 우리 같은 반도 못 됐는데, 동아리라도 같이하자. 응?"

지희가 눈을 찡그리면서 지수를 쳐다보았다.

"춤? 아우, 싫어. 나는 춤추면 풍선 인형 같거든?"

지희는 풍선 인형이 바람에 흔들리듯이 흐느적거리는 시늉을 했다.

"아, 그, 그래. 지희 네가 춤추는 거 본 적 없기는 하다."

"그리고 나는 따로 갈 동아리가 있다."

지희가 흡족한 미소를 띠며 손을 모았다.

"왜? 뭔데? 어디 들어갈 건데?"

"그런 게 있다. 그런 게. 호호호."

지희는 고개만 끄덕거렸다.

"아, 뭔데?"

지희는 조그마한 목소리로 캐묻는 내 귀에 속삭였다.

"밴드부."

나는 너무 놀라서 지희를 바라보았다.

"그 부에 기타 치는 오빠, 완전 내 스타일!"

지희는 가망이 없어 보였는지, 지수가 내 옆구리를 콕콕 찔러 댔다.

"루나야, 댄스부가 축제의 꽃인 거 알지?"

"축제의 꽃?"

그 순간, 갑자기 스치는 5학년 때의 기억. 체육 대회의 꽃이라는 계주에 혹했다가 개망신당할 뻔했던 기억.

"아, 안 돼! 그러면 더더욱 안 돼!"

"안 되긴 뭐가 안 돼! 같이하자. 응?"

손사래를 치면서도 이상하게, 자꾸만 댄스부 포스터에 눈길이 갔다.

'패션?'

나는 침을 꿀꺽 삼켰다. 그리고 마지수의 마수에 걸려서 냅다 댄스부에 신청서를 냈다.

'몰라! 오디션 떨어지면 다른 데 가지 뭐.'

드디어 오디션이 열리는 날, 나는 3학년 1반 교실에 들어섰다. 3학년 교실은 위압감이 느껴졌다. 선배들과 선생님까지 앉아 있으니 더욱 그랬다.

"아, 안녕하십니까! 저는 1학년 10반 12번 이루나입니다!"

나는 두 눈을 질끈 감고 외쳤다.

"저는 패션답게! 멋지게 입어 보았습니다!"

나는 검정색 위아래 옷에 스카프를 맨 차림을 내보였다. 그리고 말을 이었다.

"저는 하고 싶은 게 아직 없습니다. 춤도 잘 추지는 못합니다. 그렇지만 저는 한다면 꼭 합니다. 그리고 약속을 잘 지킵니다! 저를 뽑아 주신다면 선배님들과 약속하는 것이기 때문에 꼭 열심히 참여하겠습니다!"

딱 그렇게 말하고 고개를 드는 순간, 심사 위원석에 있는 선생님, 언니 오빠들이 눈에 들어왔다. 그런데 저 언니…… 낯이 익다.

'아!'

저 언니가 2학년 부장이란다. 저 언니가, 소민이, 아니 소민 언니가. 그렇게나 넓어 보이던 중학교는 그다지 넓지 않았다. 아니, 개미 콧구멍만 했다. 이렇게 만나다니.

"음, 이, 루나?"

소민 언니가 나를 보며 되물었다. 나는 재빨리 머리카락으로

얼굴을 감췄다. 절대 알아보게 해선 안 된다.

"네?"

"춤 좀 보여 줄래?"

아, 다행이다. 알아차리지 못한 모양이다. 그런데 춤이라니, 저 언니 앞에서 춤을 춰야 한다니. 망했다. 하지만 가위바위보도 약하고, 클릭도 서툰 나는 무조건 사전 선발이 되고 싶다. 게다가 지수하고 약속도 했단 말이다. 제발 나의 관절들아, 나의 숨겨 둔 리듬감아. 살아나라. 제발. 제발!

정말로 무슨 정신으로 춤을 췄을까.

"고생했어, 이루나."

교실에서 나오는데 그 언니가 나를 붙잡았다.

"1학년이었어?"

나는 얼굴을 머리카락으로 반쯤 가렸다.

"아, 네. 안녕하세요!"

"뭐야? 존댓말은 무슨."

"아, 아닙니다! 선배님!"

"언니라고 불러. 말도 반존대 정도면 돼."

"반존대요?"

그렇게 되물으며 혼잣말을 했다.

"반존대면, 진지 먹었냐, 이런 건가?"

소민 언니는 귀가 엄청 밝았다.

"푸하하! 루나야, 반존대 하나만 더 해 줘라. 너 진짜 웃기다."

언니가 깔깔거리며 웃어 댔다. 웃기다면, 웃겨 드리겠어요.

"음, 그러면……."

나는 눈을 질끈 감았다.

"네 연세가 몇 살이냐?"

언니가 데굴데굴 굴렀다.

"와, 너 완전 내 취향."

언니가 내 어깨를 두 번 두드렸다. 뭐, 뭐지? 진짜 좋다는 건가? 찍혔다는 건가? 알 수가 없었다. 댄스부 오디션은 망해 버렸고, 사전 선발 동아리 입성은 글렀다……고 생각했다.

그런데 그날 밤, 반전의 드라마가 펼쳐졌다. 학원을 다녀오는 길에 문자가 왔다.

개암중 댄스부 passion 합격을 축하드립니다.

"합격?"

와, 실화냐? 그렇게 하고도 합격? 내가? 도대체 왜? 합격했는데, 이렇게 찜찜하고, 두렵기는 또 처음이었다.

소민 언니가 집 앞에서 만났을 때 말해 줘 뒤늦게 뽑힌 이유를 알았다. 내가 뽑힌 이유가 나의 '패션' 때문이라는 걸.

"패션요? 내 패션이 왜요?"

내 체육복 패션이 뭐가 특별했나? 잠시 생각했다. 소민 언니가 자꾸만 웃었다. 와, 나는 왜 이 단어를 지금에야 찾아본 걸까.

오, 마이 갓! 패션이 옷을 잘 입는 것인 줄 알았는데! 얼굴이

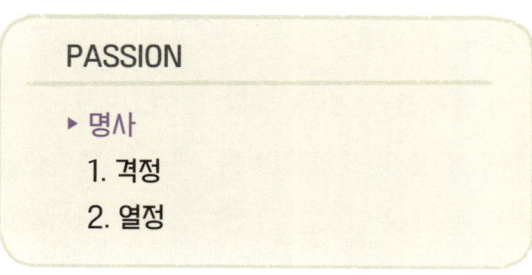

붉은 노을처럼 타올랐다. 아무래도 오늘부터 한동안은 이불킥을 할 것 같다. 머리가 나빠서, 잘 까먹어서 다행이다. 참 다행이다.

학교 동아리

루나: 중학교에는 어떤 동아리가 있어?

중생봇: 아주아주 다양해. 크게는 **인문·사회 동아리, 이·공학 동아리, 미술 동아리, 예체능 동아리, 봉사 활동 동아리**로 나눌 수 있겠네. 학교마다 다르니 학교에서 나누어 주는 가정 통신문을 참고하길 바라.

* 인문·사회 동아리 – 문학, 사회, 법, 심리, 토론 동아리 등
* 이·공학 동아리 – 과학이나 수학 관련 동아리
* 예체능 동아리 – 그림이나 만들기 동아리, 캘리그래피 동아리, 영화 감상 동아리, 밴드부, 체육부, 댄스부 등

루나: 그런데 동아리도 사전 선발 동아리가 있고, 그렇지 않은 동아리도 있잖아? 사전 선발이 아닌 동아리는 어떻게 지원해?

중생봇: 그 역시 학교마다 달라. 그러니까 선배들의 이야기를 참고하는 게 가장 좋지. 많은 인원이 몰리는 인기 동아리는 가위바위보를 하기도 하고, 컴퓨터로 신청을 받기도 한다더라? 그런데 동아리마다 인원수가 정해져 있으니 무조건 인기 있는 동아리보다 자기가 관심 있는 동아리를 찾는 것이 좋겠지? 인기 동아리에 떨어지고 자기가 평소에 관심 있던 동아리에도 못 들어가면 너무 슬프잖아.

만우절 교실 어택

초등학생 때, 4월 1일은 '개교기념일'이었다. 개교기념일이라는 말이 너무 어려워서 '개그기념일'인 줄 알았던 시절이 있다. 개그기념일에 도대체 왜 학교에 가지 않는 것인지, 이해할 수 없었다. 개그기념일이 아니란 것은 3학년 때 알았다. 그때부터 이맘때가 되면 '이불 킥'을 날린다.

학교에 가지 않는, 학교의 생일이라는 걸 알게 되었을 때 나는 지희와 함께 운동장에서 모래로 케이크를 만들어 학교 생일을 축하해 주었다.

"학교야, 네 생일인데 아무도 안 와서 미안해."

학교가 들었는지 모르겠지만, 어쨌든 나의 동심 어린 에피소드다.

중학교에 오고 나서, 4월 1일은 다른 의미가 되었다. 바로 만우절이라는 빅 이벤트가 열리는 날.

"얘들아, 만우절이니까 반 바꾸자!"

빛나였다. 빛나의 빛나는 아이디어에 우리 반이 들썩였다.

"몇 반이랑?"

"지금부터 찾아봐야지."

빛나가 내 손을 붙잡았다.

"엉? 왜?"

"가자. 혹시 친구 중에 반장이나 부반장 있어?"

나는 대번에 준수가 떠올랐다. 준수가 이 제안을 좋다고 할까, 싶기는 했다. 그런데 내 발걸음은 이미 준수네 반으로 향했다.

"반을 바꾸자고?"

준수가 반장과 같이 나와서 고개를 갸웃거렸다.

"너희 다음 시간 뭐야?"

"수학!"

나는 고개를 절레절레 저었다.

"아, 안 돼! 안 돼!"

하지만 준수네 반장이 오히려 내 팔을 꽉 잡았다.

"너희 반은 뭔데?"

"우리는 영어."

"바꾸자!"

"아, 안 돼."

내가 고개를 연신 저어 댔더니, 준수가 알아차렸다.

"루나는 수학 듣기 싫을 텐데."

"빙고! 역시 넌 나를 알아."

내가 준수에게 엄지손가락을 들어 올렸다.

"뭐야, 뭐야? 너희 뭐야?"

빛나가 나와 준수를 번갈아 보았다.

"썸이야?"

"아냐. 내 남친이야. 가자, 옆 반으로!"

내가 빛나의 어깨에 팔을 둘렀다.

"루나, 안녕~!"

준수가 갑자기 화사하게 웃었다.

"뭐야, 학교에서 왜 그렇게 웃냐. 바보."

빛나는 나와 준수를 자꾸만 쳐다보며, 어처구니없어했다.

"와, 너 나처럼 모솔(모태 솔로)인 줄 알았는데. 허, 참!"

"아, 뭐지? 왜 너처럼 모솔인 줄 알았다는 거야? 그거참 기분 묘하네!"

"동질감, 그런 게 느껴졌단 소리지. 갑자기 확 거리감이 느꺼지네!"

"그러니까 이제부터는 '웅니(언니)'라고 불러라! 잉?"

나는 빛나의 옆구리를 쿡쿡 찔렀다. 빛나가 갑자기 고개를 푹 숙이며 인사했다.

"암요, 암요, 웅니! 웅니!"

우리는 8반과 반을 바꾸기로 했다. 최상이었다. 8반은 내가 제일 좋아하는 국어 선생님 시간이다.

우리 반 애들이 그렇게 단합된 것은 입학 이후 처음이었다. 동시에 자리에서 벌떡 일어나더니 8반으로 향했다. 웃음이 멈추지 않았다. 만우절의 즐거움이란!

자리에 앉고, 선생님이 얼마나 놀라실까- 킥킥대고 있었다. 이 일을 주도한 빛나와 나는 더 뿌듯했다.

드디어, 교실 앞문이 벌컥 열렸다.

'국어 샘, 국어 샘!'

속으로 외쳤다. 곧 다리가 보이는데…….

"샘, 샘이 왜 여기에!"

뭔가 잘못되었다. 분명히 국어 선생님 시간이라고 했다. 그런데 영어 선생님이 들어오신 거다.

"교과서 펴라!"

교과서가 있을 리가요. 우리는 서로 눈치를 살폈다. 그때, 이

사태의 주동자인 빛나가 손을 번쩍 들었다.

"샘! 저희, 국어 시간인데요."

그러자 교과서를 바라보던 영어 선생님이 고개를 들었다.

"그런데?"

"아, 저, 저기……."

난감해하는 빛나와 나, 그리고 우리 반 아이들. 주춤주춤하는 우리에게 선생님이 씨익 입꼬리를 올리며 웃어 보였다.

"얘들아, 오늘이 무슨 날이냐?"

"저, 저기, 금요일이요."

"아니지! 오늘은 만우절이지!"

근엄한 표정으로 우리를 보던 선생님이 코믹하게 웃었다.

"국어 샘이랑 나랑 바꿔서 들어와 봤지. 에이프릴 풀~ 서프라이즈!"

그제야 긴장을 푼 아이들이 키득키득 웃음을 터트렸다.

"샘. 저희 10반이에요."

"뭐라고?"

선생님이 더 놀랐다. 뛰는 선생님 위에 나는 아이들이라고, 선생님을 능가한다나 뭐라나? 아, 맞다. 그러면 우리 반으로 간 8반은 어땠냐고?

"얘들아! 어머! 얘들아! 너희가 왜 10반에 있니?"

당연히 8반 담임인 국어 선생님을 만났다. 가만히 있었으면 제일 좋아하는 국어 선생님을 만날 수 있었을 텐데……. 만우절 교실 어택은 이렇게 허무하게 끝나 버렸다.

아, 그리고 준수네 반은 반을 바꿨다가 들통나서 무척 꾸중을 들었고, 1반 아이들은 자기 반의 표찰을 바꿔치기하려다가 영영 사라져 버려서 무척이나 혼이 났다는 후문. 우리 반은 그나마 재미있는 에피소드가 되었지만, 함부로 따라 했다가는 혼쭐날 수도 있으니 따라 하지 마시라!

자유 학기제

루나: 자유 학기제가 도대체 뭐야?

중생봇: 자기주도적인 학습 능력을 기르기 위해서 중학교 과정 중에 한 학기 동안 다양한 진로를 탐색할 수 있는 활동을 하는 제도야.

루나: 중학교 과정 중에 한 학기?

중생봇: 중학교 1학년 중 한 학기를 자유 학기로 지정해. 1학년 1학기에 실시하는 학교가 많지. 보통 102시간을 편성하여 운영하는데, 세부적인 사항은 각 시도 교육청별 지침에 따라 각 학교에서 결정한다고 해.

자유 학기제 운영 기준	
학기	한 학기
범위	1학년 1학기, 1학년 2학기 중 선택
영역	주제 선택 활동, 진로 탐색 활동
시수	102시간 이상

루나: 자유 학기제 때 뭘 하는데?

중생봇: **주제 선택 활동, 진로 탐색 활동** 등을 해. 자유 학기의 영역이 이전에는 4개(주제 선택, 진로 탐색, 예술·체육, 동아리 활동)였는데, 2022 개정 교육과정에서는 2개(주제 선택, 진로 탐색)로 조정되었어. 보통 교과 교육과정을 재구성해서 학생이 참여하는 수업을 해. 학교 상황이나 지역 특색을 고려해서 다양한 진로 체험 활동도 운영하고.

루나: 주제 선택 활동과 진로 탐색 활동이 뭐야?

중생봇: 주제 선택 활동은 학생들이 흥미나 관심사에 따라서 주제를 탐구하고, 공동으로 연구하는 등 학생이 직접 참여하는 학생 중심의 탐구 활동이야. 진로 탐색 활동은 적성에 따라 소질을 탐색하거나, 스스로 미래를 설계할 수 있도록 진로를 탐색하고, 직업 세계를 알아가는 활동 등으로 운영된다고 해.

루나: 중학교 1학년 때 여러 가지 활동을 할 수 있겠는데?

중생봇: 맞아. 한 학기 동안 자신에 대해 탐색할 수 있는 시간을 보낼 수 있을 거야. 특히, 2022 개정 교육과정에 따라서 학교와 교사의 자유 학기 교육 과정 편성 운영의 자율성이 보장되고, 디지털 기술(AI, 에듀테크 등)을 활용한 자유 학기 운영이 보완된대. 또 진로 연계 교육을 통해서 진로 탐색 활동을 보강한다고 해. 지역별 격차를 해소하기 위해서 지역과 연계한 진로 체험 활동, 디지털 기반의 진로 탐색 활동도 강화된다니, 진짜 신나는 중학 생활을 맞을 수 있을 거야!

팝스 말고 팝콘을 달라!

중학교 생활이 좀 적응됐다 싶으니 학교가 자꾸 나를 평가한다. 이전까지는 내가 학교에 대해서 이러쿵저러쿵했는데 말이다.

아, 반 배정 왜 이렇게 한 건데.

아, 우리 학년 왜 1층 아닌데.

아, 우리 학교 왜 교복 구린데.

아, 우리 학교 급식 메뉴는 왜 별로인 건데.

아, 우리 학교 매점 왜 없는데.

학교는 기다리고 또 기다렸나 보다. 복수의 그날을. 이제 입장 바꿔서 학교는 우리를 조목조목 평가하기로 한 모양이다. 난 몰랐다. 1학년 때도 평가가 있을 줄은.

며칠 동안 시험만 보는 중간고사나 기말고사는 없었지만, 우리에게도 평가가 있었다. 바로, 수행 평가.

국어는 논술을 쓰게 한다든가, 사회는 모둠별로 주제를 정해 발표한다든가, 음악은 교가를 부르거나 악기를 연주한다든가. 이런 게 바로 수행 평가다. 선생님이 준 통신문에 과목별로 평가 계획이 적혀 있었다. 물론, 그건 늘 가방 속에 들어 있었지만, 머릿속에는 영 들어오지 않았다.

'수행이라니. 평가라니.'

아직 시험에 허우적거릴 정도는 아니지만, 그래도 평가라고 하니 괜히 걱정되고 초조하다. 그럴 때마다 내가 뭘 할까? 음, 폰을 본다. 엄마는 폰을 자주 본다고 한 소리 하시지만, 나는 그게 다 마음을 평온하게 지키고, 정보를 습득하는 과정이라고 항변하곤 했다.

요즘, 내가 자주 들여다보는 건 바로 우리 학교 페북의 대전이다. 대전이란, 서울, 인천, 대전, 대구, 광주, 이런 지역을 뜻하는 게 아니다. '대신 전해드립니다'의 약자다.

이 페이지에는 남녀 간의 애정 문제가 곧잘 올라온다.

1학년이랑 친해지고 싶은 2학년임. 1학년들 댓글 좀.

뭐, 이런 글도 올라오지만, '누구 사랑한다', '누구 좋아한다' 같은 글이 익명으로 더 자주 올라온다. 그런데, 요 며칠 동안 매일 이런 글이 올라왔다.

3학년 가람 오빠 사랑해요.
3학년 '비주얼 담당' 박가람. 멋있어요.

이 글이 꾸준히 올라오는 걸 보면서 생각했다.
'도대체 박가람은 누군데.'
일주일 넘게 이런 글이 올라온다는 건 진짜 좋아하거나, 자작극이라고 생각했다. 어쨌든, 오늘도 우리 학교 '대전'을 보고 있는데 누군가의 글이 올라왔다.

팝스 또 한대. 작년에 왔던 팝스가 죽지도 않고 또 왔다.

'팝스? 나만 안 배운 건가. 샘들이 다 알려 줬는데, 나만 모르나?'

다음 날, 나는 빛나에게 물었다.
"팝스?"

"응. 몰라?"

"팝으로 시작하는 단어는 팝콘밖에 몰라."

'후유······.'

다행이다. 역시 넌 내 친구. 하지만 금세 팝스를 알게 되었다. 그리고 더 충격을 받았다. 팝스는 '학생건강체력평가제도(PAPS, Physical Activity Promotion System의 약자)'로 내가 초등학교 때 극혐했던 바로 그것이란 사실 때문이었다. 팝스는 건강을 평가해서 신체 활동을 처방하고 스스로 건강 관리를 할 수 있도록 하는 게 목적인데, 나이에 따라서 평가 기준이 달라진다고 했다. 그리고 이게 체육 수행 평가란다. 맙소사. 학교에서는 '평가'가 빠지면 서운한가 보다.

어쨌든 우리 담임 선생님은 체육 시간 때마다 팝스 연습을 시키겠다고 했다. 끙끙 앓는 소리가 교실을 꽉 채웠다.

유연성, 악력, 50미터 달리기, 왕복 달리기를 한다고 했는데, 연습만으로도 사악하기 그지없었다. 내 몸은 뻣뻣하기 이를 데 없으며, 손아귀 힘도 없다. 그나마 조금 자신 있는 건 50미터 달리기였다. 같이 달렸는데, 나 혼자 도착해 있는 그 기분이란. 그 무엇보다 걱정되는 건 '셔틀 런'이라고 불리는 왕복 달리기였다.

"미쳤다. 셔틀 런."

뛰면 기분이 상쾌해진다는 선생님의 말씀은 역시나 귓등으로 들어도 되는 말이었다. 선생님은 직접 뛰지 않으니까 그런 소리를 할 수 있다. 셔틀 런을 직접 해 보면 그런 말은 쏙 들어갈 거다.

담임 선생님은 또 이런 말씀도 하셨다.

"15~20미터 구간을 왕복하여 달리며 심폐 지구력을 측정한다. 나중에 소방관이나 교도관, 환경미화원 등 체력이 기반이 되는 일자리를 구할 때도 시험 본다."

그 말을 들으면서 입이 점점 삐죽 나왔다.

"2002년 월드컵 때, 우리나라가 4강에 올라갔단 말이야. 그전까지 1승도 못 했었던 우리나라가 어떻게 4강까지 올라갔느냐? 그 비법이 바로 셔틀 런으로 체력을 보강했기 때문이지. 너희도 체력을 키우는 거다. 국가 대표처럼."

아, 나는 국가 대표가 될 마음은 추호도 없다. 그런데 말이다. 내 머리와 내 다리는 따로 노는 것 같다. 어느 순간 옆을 돌아보니, 남은 아이들이 없었다. 혼자만의 외로운 싸움을 하고 있었다. 머리가 미쳤나 보다. 다리는 힘들어 죽겠다고 말하는데 기분이 상쾌했다.

"와, 이루나 뭐냐! 1등급이잖아!"

아이들이 외쳐 대는 소리에, 나는 바닥에 누워 버렸다. 하늘이 빙글빙글 돌아가고, 땀이 온몸의 땀구멍에서 솟아 나왔다.

내가 국가 대표는 아니어도, 꽤 괜찮아 보였다.

"하얗게 불태웠다!"

그때 나의 원수 같은 김수호가 말을 걸어왔다.

"계속 잘 뛰네."

뭐래? 그런 말도 시키지 마. 나 지금 무척 피곤하거든.

"야, 너 기억 나냐? 나한테 그때. 응?"

"아, 뭐래?"

내 눈빛이 얼마나 날카로운 레이저를 쐈는지 김수호가 슬금슬금 도망쳤다. 그래, 나한테 말 시키지 마. 지금 나는 내 숨소리를 느낄 것이야. 체육 수행 만점 받은 나 자신한테 반했거든!

난 ㄱr끔 ㄴr에게 반한ㄷr.

팝스

루나: 도대체 팝스가 뭐야?

중생봇: 학생건강체력평가제도(PAPS, Physical Activity Promotion System의 약자)를 팝스라고 해. 학생들의 비만 및 체력 저하를 방지하고자 개발된 건강 체력 관리 프로그램이야.

루나: 팝스에서 뭘 측정하는데?

중생봇: 다섯 개의 체력 요인인 심폐 지구력, 유연성, 근력·근지구력, 순발력, 체지방을 측정해. 이를 위해 열두 가지 팝스 종목이 있는데, 그중 다섯 가지를 선택해서 실시하지.

루나: 으, 정말 싫다. 각 체력 요인을 어떤 종목으로 측정하는지 얘기해 줘! 그래도 체육 하면 나, 이루나 아니겠어?

중생봇: 심폐 지구력은 장시간 지치지 않고 운동하는 능력으로, 셔틀 런, 오래달리기-걷기, 스텝 검사 등이 포함돼.

루나: 셔틀 런? 그거 왕복 오래달리기 말하는 거야? 삑 소리 나면 출발선에서 출발하고 다음 삑 소리 나기 전까지 도착하는 거?

중생봇: 맞아. 처음 2단계까지는 1회 이동 시간이 9초 이내, 이후부터는 시간 간격이 점차 줄어들지.

루나: 유연성은?

중생봇: 앉아 윗몸 앞으로 굽히기. 종합 유연성 측정하는 종목이지.

루나: 앉아 윗몸 앞으로 굽히기는 상체가 얼마나 굽혀지는지 검사하는 거지?

중생봇: 맞아. 바로 그거야.

루나: 근력·근지구력은?

중생봇: 팔굽혀 펴기, 윗몸 말아 올리기, 악력, 같은 검사를 하지. 그 밖에도 50미터 달리기나 제자리멀리뛰기로도 측정해.

루나: 종목마다 잘했는지 못했는지 결과는 어떻게 판가름해?

중생봇: 남자, 여자에 따라서 각각의 기준 횟수가 있어. 그건 체육 선생님께서 미리 알려 주실 거야.

상장 앞에서 열폭!

이 글은, 나의 '열폭'에 대한 기록이다.

열폭을 모르는 사람은 없겠지. 열등감 폭발을 줄인 말이다. 중학교에 와서 새삼 다시 느꼈다. 세상에는 나보다 잘나고 멋진 아이들이 많다는 것을. 내가 잘하는 것은 티끌처럼 보이고 친구들이 잘하는 것은 태산처럼 보였다.

열폭을 잠재우는 방법은, 그것에 대해 심드렁한 척하는 것이다. 상장도 '심드렁한' 척하는 것 중 하나다.

새 학년 새 학기부터 다양한 행사가 치러지고 있다. 이름하여, 교장 선생님의 성함인 '김미숙'이 적힌 굿즈, 상장이 걸린 교내 대회!

가장 먼저, 학기 초에 하는 반장 선거. 준수는 부반장이 되었

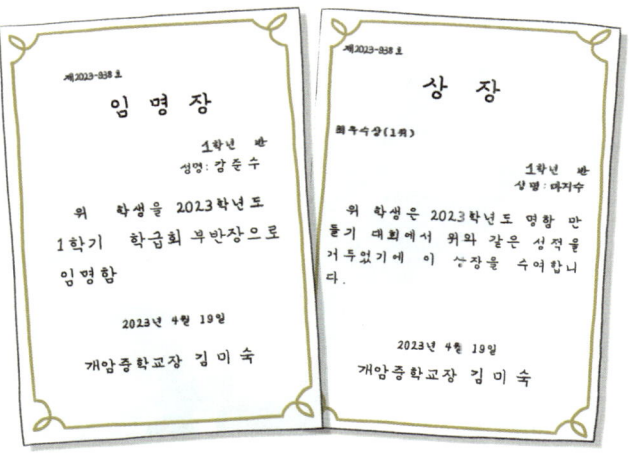

다. 준수가 중학교에 오자마자 부반장이 되다니. 말 많다고 아이들이 좀 꺼렸던 전력이 있는 준수는 요즘 과묵하고 듬직하다는 평을 듣는다. 세상은 참 요지경이다.

"추, 축하해."

나는 진심으로 축하해 줬다. 준수는 머리를 긁적였지만, 나는 엄지손가락을 치켜세워 주었다.

반장 선거를 시작으로, 각양각색의 대회들이 펼쳐졌다.

"또 대회를 한다고?"

이번에는 진로 영역에 있는 '미래의 명함 만들기 대회'라나?

"아니, 이게 말이 돼? 직업이 없는데 명함을 만들라니."

말은 그렇게 했지만, 사실은 내가 없는 건 미래의 직업이 아니라 꿈 그 자체였다. 뭐가 되고 싶은지, 정한 게 아무것도 없다. 그냥 오늘 급식 메뉴에만 관심이 갔지, 내 미래의 직업까지 관심을 가져 본 적이 없다.

하지만 이런 나에 반해, 내 친구들은 뭔가가 되고 싶다는 말을 종종 하곤 했다. 지희만 해도 그랬다. 어떤 날엔 지수처럼 유튜버가 되고 싶다, 또 어떤 날에는 웹툰 작가가 되고 싶다, 또 어떤 날에는 드라마 작가가 되고 싶다. 바뀌긴 해도, 의욕에 불타올랐다. 그렇지만 나는…….

며칠 후, 지수가 명함 만들기 대회에서 수상했다. 지수의 꿈은 세계적인 인플루언서인 줄 알았는데, 패션 디자이너가 되고 싶다고 했다. 자기만의 브랜드를 만들고 싶다나?

얼마 후에는 지희가 영어 말하기 대회를 나가, 1학년 중에서 3등을 했다. 저마다 중학교에 와서 뭔가를 해내고 있었다. 초등학교 때와 다르게, 중학교에 와서 친구들이 상장을 받는 걸 보니 절로 열폭을 하게 되었다.

1년 동안, 아니 중학교 3년 동안 상장이라는 걸 받을 수 있을까? 모르겠다. 대체 여기가 어디고, 나는 무엇일까.

나도 '김미숙 굿즈'를 가지고 싶었다. 나는 도대체 뭘 잘할까? 열폭을 잠재우려고 책상에 훅 엎드렸는데, 주위가 밝아지는 느낌적인 느낌이 들었다. 고개를 살짝 들었다. 빛나였다.

"루나, 일어나 봐."

"싫어. 아무것도 하기 싫어."

"루나! 너 수학 골든벨 나갈 생각 없음?"

"뭔 벨?"

"수학 골든벨."

난 '골든'을 '골빈'으로 알아들었다. 이 얼마나 나와 어울리는 대회란 말인가. 게다가 내가 제일 싫어하는 과목이 수학이다. 아무리 친해지려고 해도 친해질 수 없는 과목인데, 이건 안 봐도 유튜브, 안 들어도 오디오북이다.

"나 수포자야."

"나도야!"

"야, 그런데 무슨 수학 골든벨을!"

"역발상 모르니? 수학 골든벨에 뭐 얼마나 참여하겠냐고! 그리고 그냥 수학 관련 책만 읽고 나가면 된다고."

이상해. 정말 이상해. 그런데 이상하게 설득돼.

"나 상 받고 싶어. 교장 샘 굿즈 갖고 싶어."

빛나가 두 주먹을 불끈 쥐었다.

"영어 말하기 나가지 그랬어?"

"스피킹은 약해. 나 혼자 앞에 나가서 발표할 자신이 없었어. 무대 공포증이 있거든."

할 말이 없다. 저렇게 말을 잘하는데, 무대 공포증이라니.

"왕빛나, 하려면 혼자 해. 나까지 끼면 경쟁률 높아지잖아."

"그래. 내가 1등 할 테니까, 네가 2등 해. 그럼 되잖아?"

솔깃했다. 역시 아까 확실히 설득된 거다. 역발상이라는 말이 내 마음을 흔들었다.

"야, 이게 뭐냐?"

수학 골든벨이 열리는 날, 강당에 도착하니 1학년 아이들이 잔뜩 모여 있었다.

"너 소문 냈냐?"

나는 빛나를 바라보았다.

"뭐, 뭘?"

"역발상 어쩌고, 그거."

"아, 그, 그게. 조금 내긴 했는데."

아이들이 강당 바닥에 앉아 있는 모습을 보니, 나도 철퍼덕 주저앉고 싶었다. 그런데 빛나는 나보다 더 멘탈이 너덜너덜해졌다.

"하아, 여기서 포기할까 봐."

"야, 왕빛나. 너 포기하면 어떡해."

"저기 봐라. 1반부터 12반까지 공부 잘하는 아이들만 모여 있는 거."

"그런 건 어떻게 알아?"

"학원에서 보던 애들이야."

시작도 하기 전에 기가 팍 죽었다.

"우리 5학년 때 담임 샘이 해 준 말인데, 포기하면 100퍼센트 진 거고, 도전하면 가능성이 50퍼센트는 있대. 네가 나 끌어들인 거잖아. 응?"

빛나가 고개를 끄덕거렸다. 우리는 수학 골든벨에서 50퍼센트의 확률을 뚫지는 못했지만 함께 추억(이라고 쓰고 흑역사라 읽는다)을 쌓았다. 빛나가 말했다.

"나도 이 시간을 잘 보내고 싶어졌어. 네 덕분에."

명언을 너무 남발했나? 빛나가 또 다음 대회에 나가자고 부추겼다. 이번에는 과학의 달 행사였는데, 토론, 발명, 독후감이나 이모티콘 그리기 대회가 열린다고 했다.

"난 이모티콘 그리기 도전해 본다. 넌 다른 대회 나가."

빛나가 나를 보며 말했다.

"왜?"

"내가 1등 할 거니까, 너도 1등 한번 해야지."

"음, 이번엔 독후감에 도전해 본다."

많고 많은 작품 중에 내 것이 눈에 띌지는 알 수 없다. 그래도 불쑥불쑥 튀어나오는 사춘기 기질을 감춘 채 중학교에 다니는 우리 같은 중딩은 도전하려는 의지를 보이는 것만으로도 폭풍 칭찬을 받아야 하지 않을까? 아니면 말고!

교내 대회 수상

루나: 중생봇. 나 심각해.

중생봇: 심각한 말투는 아닌데?

루나: 내 표정 안 보이나 보네? 글자가 막 화내고 있잖아!!!!

중생봇: 잘 이해하지 못했어요. 정확하게 말씀해 주세요.

루나: 이럴 땐 반모(반말 모드)를 푸네. 휴! 상장 말이야. 그걸 꼭 타야 해?

중생봇: 다양한 교내 대회가 있지? 그림 그리기 대회, 글쓰기 대회, 토론 대회, 골든벨 등등. **교내 대회의 수상 실적은 중학교 생기부에 들어가거든. 특히, 특목고, 자사고 같은 학교에 가기 위해서는 교내 수상 실적이 중요해.**
경기도 교육청 고등학교 입학 전형을 살펴보면, 한 학기당 1개의 상에 0.5점의 가산점을 주고 3년 동안 최대 3점을 줄 수 있어. (이건 지역마다 차이가 있으니 자기 지역의 기준을 확인하길 바라.)

루나: 그럼 그런 고등학교 안 가면 생기부 관리 안 해도 되지? 중학교에서도 못 받았으면 고등학교 가서도 상을 못 받을까?

중생봇: 중학교에서 상장을 못 받아 봤어도 고등학교에서 수상하는 학생들도 분명히 많을 거야. 하지만 고등학교 입시를 위해서가 아니라 즐겁고 풍요로운 학교생활을 위해서 대회에 참여하면 어떨까? 비록 수상하지 못하더라도 **자기가 뭘 잘하는지, 어떤 분야에 관심 있는지에 대해 다시 한번 알아볼 수 있는 기회가 될 거야!**

비호감 사총사
여드름, 피지, 블랙헤드, 떡진 머리

"아, 이게 뭐야!"

아침에 세수를 하려고 거울을 보는데, 이마에 난 시뻘건 뾰루지에 눈이 갔다. 보면 볼수록 그 부분만 또렷하게 보였다.

"아, 진짜!"

나는 고개를 절레절레 흔들었다. 다시 보니까, 내 얼굴의 문제는 그것뿐만이 아니었다. 개기름이 흐르고, 군데군데 여드름이 울긋불긋한 데다, 각질까지 일어나 있었다. 코에 블랙헤드는 또 어떻고. 평소에 고양이 세수 한다고 잔소리를 듣던 나였지만, 아무리 그래도 어떻게 하루 만에 더 못생겨졌지?

게다가 사흘을 감지 않아도 기름지지 않던 내 머리! 얘는 어제도 감았는데 왜 이럴까? 유전이라도 터졌나? 주유소야? 왜 이렇게 기름이 좔좔 흐르고 떡진 거야. 아빠한테 내 머리에 흐르는 기름으로 주유하라고 해야 할 판이다.

엄마가 일찍 일어나라고 할 때 일어났으면 머리 감을 시간이 있었을 텐데. 왜 말을 안 듣고 더 누워 있었을까? 엄마가 하는 말 중에 쓸데없는 말이 없다는 건 정말 진리인 걸까?

어쨌든, 찝찝함을 뒤집어쓴 채 학교에 가야 한다. 오늘은 키 큰 아이 옆에 있지 말아야겠다고 다짐했다. 왜냐고? 내 정수리 냄새를 들킬까 봐!

그. 런. 데. 비교 대상이 있으면 더 초라해지는 법! 교문을 들어서면서부터 3학년 언니들의 뽀샤시한 자태가 나를 더 위축시켰다.

"와, 언니들 왜 저렇게 샤랄라 해?"

나는 함께 등교하던 지희에게 물었다. 지수는 요즘 들어 먼저 학교에 가라고 하며 자꾸 우리 사이에서 빠진다. 지희는 내 옆에 찰싹 붙었다. 나는 잠시 뒷걸음을 쳤다. 이러다가 내 떡진 머리가 지희를 한 방 먹일 것만 같아 신경이 쓰였다. 그런데 지희는 아랑곳없이 나에게 달라붙고는 속삭였다.

"오늘 졸사 찍는대."

"졸사?"

나는 '졸도'라는 말은 안다. 지금 기름이 좔좔 흐르는 내 떡진 머리가 신경 쓰여 졸도할 거 같으니까. 그런데 졸사는 도대체 뭐야.

"졸업 사진 말이야!"

지희가 내 팔꿈치를 쿡 찌르며 말해 주었다.

"아! 정말? 난 졸사가 뭔가 했네!"

"진짜 '별다줄(별것을 다 줄인다)'이지?"

언니들은 봄에 한 번, 가을에 한 번, 졸업 사진을 찍는다고 했다. 오늘은 모둠별로 함께 찍는데, 모둠별로 콘셉트가 달라서 복장이 제각각이었다.

"와, 대박!"

어떤 언니가 우리 앞쪽으로 모델처럼 걸어갔다. 자세도 꼿꼿하고 늘씬한 데다 머리도 찰랑거렸다. 같은 중학생이라는 것이 믿어지지 않을 지경이다.

"와! 언니들 오늘 어마어마하게 힘주고 왔네!"

그다음에 어떤 오빠가 지나갔다.

"우리 학교에 저런 사람이 있었어? 연예인인 줄."

옆에서 지희가 말했다.

"너, 모르냐?"

"뭘?"

"우리 학교 '비주얼 담당'들."

"비, 비주얼 담당?"

"잘생긴 애 옆에 잘생긴 애, 그 옆에 제일 잘생긴 애! 네가 지금 영접한 분이 바로 잘생긴 애 옆에 제일 잘생긴 애를 맡은 분이셔."

지희가 넋을 놓고 봤다.

"밴드부 박가람 오빠다."

나는 지희를 바라보았다. 민트 향을 맡고 코가 뻥 뚫리듯이 머릿속이 환해졌다. '아, 대전에 자주 등장하던 박가람이라는 오빠가 바로 저 사람이구나'까지 생각했을 때였다. 내 옆에 지희가 아련한 눈빛이 되어 그 오빠를 바라보고 있는 게 아닌가.

"너, 설마?"

지희가 고개를 끄덕였다.

"왜 아니겠니? 난 얼굴 봐."

그래, 네 말이 맞아. 내가 왜 아니라고 생각한 걸까?

"얼굴이 '열일' 하지?"

"그래서 밴드부 간다고 했었구나? 근데 왜 방송부로 바꿨어?"

지희가 수줍게 미소를 지었다.

"악기 젬병이거든. 그런데 밴드부 공연할 때, 방송부가 필요하다고 하더라? 그래서 밴드부에 못 들어갈 바엔 방송부라도 들어가서 오빠 보려고."

와, 이런 머리를 쓸 줄 아는 아이였니? 눈치 없는 줄 알았더니, 저렇게 큰 그림을 그릴 줄이야!

"그런데 오빠 벌써 졸업이네. 휴. 시간을 멈추고 싶다."

나는 싱그럽게 웃으며 지나가는 언니들을 바라보았다. 그러다 정신을 차리고 나를 바라보았다. 여전히 내 머리는 떡진 상태였고, 피지, 블랙헤드, 좁쌀 여드름이 있었다.

"지희야, 블랙헤드 뭐로 빼냐?"

"아, 그거 클렌징 오일을 10초 정도 데우고, 화장 솜으로……. 뭐야? 너 블랙헤드 생겼어? 어머어머, 생겼네, 생겼네. 야, 딸기 되기 전에 조심하랬지!"

"아이고! 넌 안 생길 줄 알아?"

"그러니까 그 전에 관리 잘 해야지! 우리도 졸사 찍을 때 금방 온다!"

"누가 아니래! 근데 너도 왕 여드름 올라오고 있거든!"

내가 지희의 턱을 가리키고 도망쳤다.

"야! 이루나!"

지희가 내 뒤를 바짝 쫓았다. 우리는 앞서거니 뒤서거니 내달렸다. 웃음소리와 서로의 이름을 부르는 소리가 주변을 울렸다. 이 순간, 갑자기 슬로우 모션이라도 걸린 듯, 눈앞에 아지랑이가 이는 듯, 아른거렸다. 어쩌면 이 순간이 오래오래 기억될 것 같은 느낌적인 느낌.

"루나, 우리도 졸사 찍는 포즈 취해 볼까?"

"아, 이런 건 어때?"

나는 입술을 쭉 내밀고 손바닥으로 후, 부는 시늉을 했다. 지나가던 언니, 오빠들이 웃으며 박수를 쳐 주었다.

"아, 창피해!"

근데 창피하면 뭐 어때? 이렇게 참을 수 없이 웃긴데. 이런 날도 있는 것이지.

도망을 가다가 지희에게 딱 잡혔다. 까르르 웃어 대다가 문득 만개한 꽃들과 함께 환하게 웃는 언니, 오빠들을 다시 바라보았다. 내 눈에는 모두 예뻐 보였다. 외모가 예쁘고 잘생겨서가 아니었다. 인생에서 가장 좋은 때를, '화양연화'라고 한다고 엄마가 말해 주었다. 그렇다면 언니 오빠들에게 그 시절이 바로 지금일까? 아, 물론 그건 아니라고 본다. 지금은 찌든 중학생이니까. 그렇지만 오늘만큼은 꽃처럼 아니 꽃보다 더 아름답게 빛나고 있었다. 외모와 상관없이 친구와 함께 웃고 있는 바로 지금! 가장 아름다운 시절까지는 아니어도 할머니 할아버지가 되어서도 오래오래 떠올릴 아름다운 시절임은 분명해 보였다.

벚꽃의 꽃말은

"벚꽃 피었다!"

빛나가 국어 시간에 크게 외쳤다. 아이들이 우르르 창가 쪽을 바라보았다.

"진짜? 벚꽃 피었어?"

"와, 너무 예쁘다!"

"팝콘이 매달린 것 같네!"

아이들 모두 웃었고, 국어 선생님도 활짝 웃으셨다.

"아유, 귀여워."

"뭐가요?"

왜 갑자기, 뜬금없이 귀엽다고 하시지 싶었다.

"우리가 귀여워요?"

"어디가 귀여운데요?"

아이들이 대답을 재촉했다. 얼마 전까지만 해도 6학년이라서 학교에서 제일 선배라고 으스대었을 텐데. 중학생 중 제일 막내 학년이라고 귀여움에 꽂힌 모습이 웃겼다.

"그래. 1학년들 너무 귀엽다고."

국어 선생님 말씀에 나도 절로 기분이 좋아졌다.

"2, 3학년들은 벚꽃 피는 거 보고 슬퍼하고 있어."

"왜요?"

선생님이 피식 웃었다.

"벚꽃엔 슬픈 꽃말이 있거든."

그때 수업이 끝나는 종이 쳤다.

"뭔데요?"

"2, 3학년 보면 물어봐."

국어 선생님은 코를 찡긋하며 교실 밖으로 나가셨다.

"아, 뭐지? 벚꽃에 슬픈 꽃말이라니."

궁금했다. 도대체 무슨 일일까. 화장실을 가려고 복도로 나왔는데 소민 언니가 우리 교실 앞을 지나가다 나를 단박에 알아차리고 알은체했다.

"이루나!"

나는 고개를 푹 숙이며 인사했다.

"우리 반 앞엔 무슨 일로……."

"여기가 과학실 가는 지름길이야."

나는 피식 웃었다.

"근데 언니, 벚꽃의 슬픈 꽃말이 뭐예요?"

"아! 그거!"

"언니는 알아요?"

"그래, 넌 아직 모를 테지."

"뭔데요?"

"벚꽃의 꽃말은, 중간고사야."

"중간고사요? 벚꽃도 시험 봐요?"

나는 멋쩍게 웃었다.

"중간고사랑 벚꽃이 뭔 상관? 이런 눈빛이다, 너."

언니가 바로 맞혔다. 내 눈빛, 정말 대단히 정답 지향적이구나.

"벚꽃이 지고 난 후 우린 1학기 중간고사라는 시험에 찌들어. 그리고……."

"그리고?"

"낙엽이 물들 때, 우리는 2학기 중간고사를 봐. 한마디로, 산이며 들이며 가장 아름다운 시절에 시험공부의 노예가 되는 거라고."

언니는 숱하게 경험한 사람처럼 나를 보며 한숨을 지었다.

"언니."

"응?"

"그런데 언니 중2잖아요. 그럼 아직 한 번도 시험 안 본 거 아니에요?"

언니가 입을 꾹 다물었다.

"아, 맞다. 그렇지."

"어, 언니……."

하지만 언니는 한숨을 더 훅 내쉬었다.

"휴, 그래도 숱하게 겪어 본 것 같은 기분이야."

"그게 무슨 말이에요?"

"음, 전교 회장 알지?"

전교 회장이라면, 지희가 유니콘 같은 존재라고 말했던 그 사람? 전교 회장을 하며 방송부 활동도 열심히 하고, 전교 1~2등을 다툴 정도로 공부도 잘하고 게다가 키도 크고 성격마저 좋은. 존재하지만 존재하지 않는 유니콘 같은 존재.

"그 사람이 내 혈육이야."

"네?"

"언니가 시험 기간만 되면 얼마나 짜증을 내는지 몰라. 난 시험 기간이 두렵다. 내 공부가 문제가 아니라 언니 때문에."

소민 언니는 고개를 절레절레 흔들었다.

"아니, 언니도 옆에서 공부하면 서로 건들 일 없는 거 아니에요?"

"루나야, 난 책을 보면 어지럽더라. 넌 안 그렇니? 게다가 중간고사는 국어, 수학, 사회(역사), 과학, 영어, 다섯 과목을 보는 경우가 많아서 3주 정도 공부하니까, 3주 동안 나는……."

소민 언니는 그 말을 마치고 두 팔을 벌린 채 복도를 사뿐사뿐 걸어갔다.

굳이, 언니는 나에게 이런 심란한 말을 하고 돌아섰다. 왜 아니겠는가. 내 영혼의 데칼코마니 같은 언니. 휴.

이번 대화로 언니와 한 발 더 가까워진 기분이었다.

중학교의 평가들

루나: 중학교에서는 날 어떻게 평가하는지 궁금해.

중생봇: 중학교에서 보는 평가를 말하는 거지? 그건 네 가지로 나누어지지.

* **수행 평가** - 과목 담당 선생님이 출제하는 주제를 수행하는 과정이나 결과를 평가하는 것이다. 각 주제에 대한 글쓰기, 발표, 토론, 만들기, 태도 등을 수행하여 평가하는 경우가 많다.
* **지필 평가** - 시험지 형태의 문제를 풀어 객관식 문항은 OMR 카드에 컴퓨터용 사인펜으로 체크하고, 주관식 문항은 시험지에 서술하는 방식이다. 해당 학년이 배우고 있는 과목들 전부 혹은 일부를 지필 평가로 치른다.
* **자유 학기제 평가** - 주제 선택, 진로 활동 상황이 기록된다.
* **내신 성적** - 중간고사와 기말고사, 그리고 수행 평가를 합한 것을 말한다.

루나: 자유 학기제 때는?

중생봇: 자유 학기제에서도 평가는 이루어져. 다양한 수행 평가를 실시하지.

루나: 그런데 지필 평가 말이야. 그건 어떻게 보는 거야?

중생봇: 한 학기마다 중간고사와 기말고사가 있어. 그러니까 1년에 4번 지필 평가가 있는 셈이지. 중간고사는 주로 국어, 영어, 수학, 사회, 과학을 시험 보고 기말고사는 수행 평가로 대신하지 않는 모든 과목을 봐.

루나 지필 평가 성적이 성적표로 나오는 거야?

중생봇 지필 평가만 성적으로 반영되는 건 아니야. 학기 초에 수행 평가와 지필 평가를 어떤 비율로 반영할지 가정 통신문으로 안내하지. 예를 들면, 수행평가 20퍼센트, 중간고사 40퍼센트, 기말고사 40퍼센트로 반영하는 식이야. 이걸 알아야 어디에 집중할지, 어떻게 관리할지 계획을 세울 수 있겠지? 선생님들의 공지나 학교 홈페이지를 통해서 꼭 챙기길 바라!

댄스부 공연 연습

드디어 동아리 시간이 찾아왔다. 사전 선발된 1학년부터 3학년까지 모이는 자리.

나는 뭔가 특색 있는 동아리에 대한 로망과 친구에 대한 의리를 가지고 도전했던 댄스부 오디션에 통과해 부원이 되어 버렸다.

춤 실력보다 '열정' 때문에 뽑혔다는데, 나는 첫날부터 열정이 다 떨어질 것만 같다. 나에게 남은 건 열정이 아니라 '체력' 뿐이랄까.

"홈베이스에서 점심시간에 공연 연습 할 거야."

선배의 그 말 한마디에 우리는 단톡방에서 커버 댄스 할 곡과 각자 맡을 파트를 정했다. 그걸 정하면서 나는 근심 걱정 초조 불안 증세가 시작되었다. 그래도 외웠다. 안무를 외워가기는 해야 했으니까 말이다. 나의 이 허술하기 짝이 없는 허우적거림이 춤으로 바뀌어 가며 점점 정신적 혼돈이 심해졌다. 그러다 드디어 그날이 오고야 말았다.

"루나, 이따 점심 먹고 홈베이스 가는 거 알지?"

지수가 우리 반에 와서 말했다.

"왜? 무슨 일인데?"

우리 반에서 말 많기로 유명한 솔빈, 그리고 솔빈이와 학기 초부터 커플처럼 다니던 우혁이가 우리 옆에 섰다.

"마지수, 나 네 팬이야."

아는 사람은 알겠지만, 나의 친구 마지수는 나름대로 구독자가 좀 있는 유튜브 크리에이터다. 그러다 보니 초등학교 때 전학 왔을 때도 그랬던 것처럼 중학교에서도 알아보는 아이들이 좀 된다.

"지수야, 너 루나랑 친해?"

지수는 고개를 까딱거렸다. 그러고는 내 팔을 잡고 흔들며 말했다.

"루나, 같은 반은 아니지만 우리 댄스부에서 자주 만나니까 너무 좋아."

지수가 말해 버렸다. 몰래 받은 행운의 편지처럼, 꿈에서 점지해 준 로또 번호처럼 숨기고 있던 나의 동아리를.

"댄스부? 네가?"

솔빈이도, 우혁이도, 나를 보며 놀랐다. 그리고 그들의 입은 또 얼마나 가볍고 빠른지, 우리 반에 순식간에 퍼져 버렸다.

"대박! 우리 반에 댄스부 있다!"에서 시작된 소문은, 퍼지고 퍼져 마침내 오늘 점심 먹은 후에 홈베이스에서 연습한다는 사실까지 전해졌다.

'발 없는 말이 천 리를 간다는 말, 이제야 알겠다.'

우리 조상님들은 정말로 위대하셔서 이런 말씀을 남겨 주셨지만, 이번에도 이런 상황에 대처하는 지침은 내려 주지 않으셨다. 아무래도 이번 역시 내가 실전으로 익혀서 그 지침을 내 후손의 후손에게까지 남겨야 할 것 같다.

'망했네. 애들이 연습하는 거 다 구경하러 오겠네.'

시간이 어떻게 흘렀는지, 급식이 어디로 넘어갔는지, 알 수가 없었다. '인싸(인사이더)'가 되고 싶었던 적이 아예 없었던 건 아니었다. 솔직히 댄스부가 되고 나서 살짝 기대도 했다. 그렇지만 이런 과도한 관심은, 기대는, 후유.

점심을 먹은 후, 지수가 나를 데리러 왔기 때문에 홈베이스에 무사히 도착은 했다.

"자, 1학년들 시작해 봐."

댄스부 부장인 3학년 언니가 이야기했다. 1학년 댄스부 다섯 명은 모두 고개를 끄덕였다.

우리는 얼마 전 오디션 프로그램에서 인기를 끌었던 안무를 커버한다. 음악이 흘러나왔고, 아이들이 몰려들기 시작했다. 우리는 각자의 위치에 서서 동선을 맞추는 것부터 시작하였는데, 나는 여기저기 접촉 사고를 내면서 간신히 동선을 맞추었다.

"와! 이루나!"

저만치에서 왕빛나의 목소리가 들려왔다.

"와, 멋있다!"

왕빛나는 소리를 질러 댔다. 목소리가 커도, 커도, 너무 컸다. 제발, 나를 아는 척도 하지 말아 줄래.

마침내 클라이맥스에 다다랐다. 다리를 후들후들 떠는 동작이 돋보이는 파트였는데, 왜! 내가 이 와중에 센터에 있는 걸까? 다른 아이들은 웨이브도 자연스럽고 동작도 딱딱 맞는데 왜 나는 개다리춤을 추는 것 같을까? 아무리 생각해도 오늘 나의 춤은 엉거주춤이었고, 개망신에 안성맞춤이었다.

고개를 푹 숙이고 교실로 돌아왔다. 빛나, 솔빈, 우혁이를 비롯한 아이들이 내 주위를 감쌌다.

"어우~ 댄스부!"

"멋지다! 댄스부!"

지금 뭐 하는 건가. 봐 놓고도 저런 말이 나오나.

"왜, 왜 이래!"

놀리는 건가. 그런데 빛나가 이러는 거다.

"완전 멋있었어."

"뭐?"

"네 동작이 제일 크더라고. 너밖에 안 보였다니까."

"에엥?"

"맞아. 너만 보이더라고!"

이건 또 무슨 소리.

"너 정말 쩔더라."

헐, 내가 그 정도는 아닌데.

"진짜 네가 쩔었어!"

와, 와, 이게 무슨 말이야. 설마, 설마, 설마. 나는 타고난 댄서? 서, 설마.

그런데 그날 저녁, 언니들이 찍어 준 우리의 연습 영상을 보고 그 말뜻을 절실히 깨달았다.

아이들은 살살 추는데, 이를 악물고 열정을 불태우는 모습. 그야말로 '패션'으로 가득 찬 모습. 그게 바로 내 모습이었다. 나만 보였다는 말은 사실이었다. 팔다리를 막 휘두른 나. 처음부터 끝까지 지치지 않는 텐션을 유지한 체력 짱의 나. 그리고 무대를 찢는 게 아니라 '리얼'로 옷이 찢어진 나.

　나는 체육복을 살폈다. 아니나 다를까. 가랑이가 쫙 찢어져 있었다. 뱁새가 황새 쫓아가다가는 가랑이가 찢어진다던데, 내가 딱 그랬다. 그래도 나, 댄스부 맞는 거지? 앞으로 잘할 수 있겠지?

'갓생' 사는 공부의 신

1003호와 1004호는 엘리베이터를 사이에 두고 양옆에 있다. 우리 집은 1003호이고, 소민 언니네 집이 1004호다.

그런데 며칠 전 엄마는 엘리베이터에서 책을 보는 한 언니와 마주쳤다고 한다. '엄마 친구 딸'이라는 말에 어울리는 지효 언니였다. 엄마는 친화력을 발휘해서 지효 언니를 우리 집에 잠깐 초대했다.

"그 언니가 왜 오는데?"

그때였다. 발랄한 초인종 소리가 울려 퍼졌다.

"어머, 어서 들어와. 지효야."

"안녕하세요, 어머니."

지효 언니가 고개를 푹 숙이며 인사했다. 나는 고개를 까닥

하며 인사했다.

　엄마가 소개하는 지효 언니의 스펙은 '갓생'을 산다는 말에 꼭 맞을 정도로 대단하고 또 대단했다. 소민 언니가 말할 때와는 사뭇 다른 느낌이랄까? 유니콘은, 있었다. 실존했다. 좀처럼 볼 수 없는 게 아니었다.

　언니로 말할 것 같으면, 동네 대형 학원에서 최고 레벨을 찍은 것은 물론이고, 초등학생 때 내내 반장(혹은 회장)과 전교 회장, 전교 1등을 놓친 적 없는 엄마들의 로망이다. 게다가 얼굴도 빠지지 않는다. 살짝 웃는 모습은 자체 발광이라는 말이 딱 어울릴 정도다. 그렇게 위대하고 위대한 전설적인 인물을 영접하다니! 그것도 이렇게 누추한 내가, 우리 집에서!

　"와, 이렇게 누추한 분이 이렇게 귀한 자리에!"

　"응?"

　언니가 고개를 갸웃거렸다. 맙소사. 거꾸로 말했어야 하는데, 망했다.

　"아유, 루나야. 너는 언니한테 무슨 말을 그렇게 하니?"

　"아, 거꾸로 말했어요. 누추한 집에 귀한 분이라고 말하려고 했어요."

　지효 언니가 피식 웃으며 말했다.

　"귀엽다."

헉. 언니가 사랑 가득한 눈빛으로 나를 바라보았다. 이상하다. 소민 언니에게는 그렇게 못 잡아먹을 것처럼 군다더니, 나를 보는 눈에서는 하트가 막 튀어나오려고 했다. 아니, 내가 그렇게 사랑스러운 편은 아닌데. 쩝. 소민 언니랑 공부 머신이라고 함께 맞장구친 게 조금 미안해졌다.

"지효야, 우리 루나한테 중학교 생활 좀 알려 줘. 얘가 시험이 없다니까 신이 났어. 지금 완전히 교복 입은 초등학생이라니까."

나는 속에서 뜨거운 것이 치밀어 올랐다. 엄마는 이러면 안 된다. 어떻게 우리 학교 선배에게 내 흉을!

"다들 그래요. 루나는 아직 1학년이잖아요. 우리 집 중2도 그런데요, 뭐."

잠깐, 저건 소민 언니를 디스한 말이다. 공부를 잘하면 공부 못하는 사람을 무시해도 되나 싶어서 괜히 입이 툭 튀어나왔다.

"루나야, 방에 가서 이야기할까?"

나는 고개를 끄덕이며 지효 언니를 내 방으로 안내했다.

"와, 너 책상이 깨끗하다?"

"네? 청소 좀 했지요."

"아, 그래? 그래도 어떻게 문제집도 하나 없이 이렇게 깨끗하게 치웠어?"

"아, 문제집은 지저분해서 책상 아래에 내려놨어요."

그러자 지효 언니가 눈을 휘둥그레 떴다.

"응? 뭐라고?"

"왜, 왜요?"

"어우, 아니야. 문제집을 사긴 했구나?"

나는 고개를 끄덕거렸다.

"2학년 되면 시험 보는 거 알지? 보통 중학교 2학년부터 학기마다 중간고사와 기말고사를 보거든."

나는 다시 고개를 끄덕였다. 내 인생을 가로막는 최대의 적을 내가 모를 리가 없다. 영원히 1학년으로 남을 수만 있다면, 영혼을 팔아 버리고 싶은 심정이었다.

"시험에 대해서 조금 알려 줄게."

이제 1학년에 올라온 나에게 시험에 대해서 굳이 알려 주시겠다는 저 친절함이라니.

"왜요? 저 아직 1학년인데요? 시험 없다고 그러던데!"

"맞아. 시험 없이 보내다가 2학년 되자마자 멘붕 오는 애들이 있어. 내 동생처럼."

나는 말하지 않아도 아는 심정이 되었다.

"중학교에서 시험은 크게 중간고사와 기말고사로 나뉘어. 보통 한 학기에 중간고사와 기말고사를 봐. 1학기 중간고사는 보통 4월, 기말고사는 6월에 보고, 2학기 중간고사는 9월, 기말고사는 11월 말~12월 초쯤에 봐."

"그렇게 자주!"

두 달마다 시험을 보는 셈이다. 중간에 방학이 있으니 그나마 다행이지만, 학교에 가는 한 달은 편하고 다음 달은 시험, 또 한 달은 편하고 또 다음 달은 시험의 연속인 것이다.

"그런데 중간고사와 기말고사는 문제를 푸는 지필 고사만 있는 것이 아니야."

"지필 고사는 뭔데요?"

"지필 고사는 선생님들이 배운 부분까지를 확인하는, 우리가 일반적으로 아는 시험을 말하는 거야."

"그럼 그런 시험 말고 또 있단 말이에요?"

"과목별로 수행 평가 보잖아? 2학년이 되면 점수로 기록돼. 점수 비중도 달라서 어떤 과목은 수행 평가 20퍼센트, 지필 고사 80퍼센트, 이런 식으로."

공부만 하는 것이 아니라 수행 평가까지 해야 한다니.

"아유, 선배님들은 무척 바쁘시겠어요. 난 1학년이라서 다행이다, 헤헤!"

그러자 언니가 싱긋 웃으며 말했다.

"지금은 이해가 안 갈 거야. 그런데 중학교 2학년이 되고 시험을 보고 나면, 너도 깨닫게 될 거야."

지금까지 들은 말 중에 가장 무서운 말이었다. 시험을 보기도 전에 벌써 망쳐 버린 기분이었다.

지효 언니가 돌아가고 얼마 뒤, 소민 언니에게 톡이 와서 만나러 갔다.

"우리 언니, 봤다며?"

나는 고개를 끄덕였다.

"어때?"

"언니가 힘들겠다, 그런 생각?"

언니는 아무 말도 하지 않고, 내 손을 꽉 잡았다.

"드디어 너도 알아 버렸구나."

"유니콘은 안 보이는 게 좋아요. 그런데 같은 집이라니."

나는 언니의 등을 토닥였다. 언니가 피식 웃었다. 이상하다. 한 학년 차이가 가장 어려운 관계라고 하던데, 왜 이렇게 친해진 거지? 그러고 보니, 언니 생일이 12월이랬다. 나는 3월인데. 친구가 될 수도 있었을 텐데. 하지만 언니에게 그 말은 하지 않았다. 1년 선배가 세상에서 제일 어려운 법이라는 걸 깨닫기는 싫으니까.

지필 고사(중간고사, 기말고사) 공부

소민: 똑똑…… 루나 소개로 알게 됐는데…….

중생봇: 안녕. 나는 중학 생활을 알려 주는 봇! 중생봇이야. 무엇이 궁금해?

소민: 도대체 시험공부를 어떻게 해야 하는지 감이 안 와!

중생봇: 1학기 중간고사는 보통 국어, 영어, 수학, 과학, 역사까지 다섯 과목을 봐. 시험 범위는 교과서의 4분의 1 정도야. 1학기 기말고사는 중간고사 이후부터가 범위겠지?

소민: 아, 그렇군.

중생봇: 교과서뿐만 아니라 학습 프린트 자료 등도 모두 시험 범위에 속해. 그러니까 **교과서를 여러 번 반복하여 읽는 것은 물론, 학습 프린트 자료들도 꼼꼼하게 챙겨야겠지?** 그리고 우리 학교 교과서에 맞는 평가 문제집을 비롯한 여러 문제집을 풀어 보도록 해. 그러면서 자주 반복되는 문제나 유형을 확인하는 거야. 특히, 문제를 풀고, 틀린 문제는 왜 틀렸는지, 내가 모르는 개념이 어떤 것인지 꼼꼼히 확인하는 건 잊지 말아야 해.

소민: 아! 벌써 머리가 어지럽다. 도대체 언제부터 시험공부를 해야 하는 거야?

중생봇: 적어도 3주 전에는 과목별로 공부를 하면서 자기에게 맞는 공부법을 찾아 가는 게 좋겠지? 며칠만 공부하는 벼락치기보다 **꾸준하고 꼼꼼하게 반복하는 것이 도움이 될 거야.**

분열과 파국의 반 대항 피구 대회

"1학년 중에서 우리 반이 가장 체육을 못한다. 꽝이다, 꽝!"

우리 담임 선생님이 말씀하셨다. 선생님은 1학년 모든 반의 체육을 담당하시니, 그 말이 사실일 거다.

그.런.데. 우리 체육 꽝들에게 커다란 도전 과제가 생겼다. 5월, 언니 오빠들의 중간고사가 끝나자마자 열리는 '스포츠 데이'의 반 대항 피구 대회! 반 대항 피구 대회의 목적은 이랬다.

'전교생의 체력 향상 및 협동심 단련.'

그렇지만 학교가 아무래도 잘못 생각한 것 같다. 우리 중학생을 잘못 판단한 것 같다. 특히, '협동심'이라는 부분 말이다. 이 대회는 분열과 파국을 불러올 것이 뻔했다.

"얘들아, 점심시간에 연습하자."

반장인 소율이가 처음으로 목소리를 크게 냈다. 그렇다고 모래알처럼 흩어져 있는 우리 반이 잘 모일 리가 만무했다.

"아, 귀찮아."라는 한 무리와 "나는 원래 못해!"라는 한 무리, 그리고 중간에 껴 있는 "알았어!"라며 수긍하는 무리까지. 처음부터 엇박자였다.

"그럼 되는 사람이라도 나와. 이래 놓고 피구 지면 서로 남 탓하지 말기!"

소율이가 저렇게까지 노력하는 게 놀라웠다.

"가, 가자."

내가 빛나를 쿡쿡 찔렀다.

"어딜?"

"어디긴. 연습하러 가야지. 너 우리 반 아니냐? 야, 너도 와!"

내가 솔빈이의 팔목을 잡았다.

"아, 나는 피구 무서운데."

그때, 우혁이가 나섰다.

"솔빈아, 내가 지켜 줄게."

워~ 참아. 교실에서 이러지 말라고. 솔빈이의 팔목을 잡아끈 내 손을 원망했다. 어쨌든, 운동장으로 나가니 이미 반마다 모여 연습을 하고 있었다.

"저기, 9반 안래나랑 홍유진이잖아? 쟤네 체육 짱 잘하잖아."

맙소사. 어떻게 된 게 내가 다 아는 애들이냐. 내가 쟤네 때문에 초등학생 때 계주에서 얼마나 쪼그라들었었는데.

래나는 공을 힘껏 던졌다. 회오리바람이라도 인 듯이 공이 빠르게 회전하며 움직였다.

"와, 저 공 맞으면 뼈도 못 추스르겠다."

우혁이가 입을 쩍 벌린 채 9반의 연습 모습을 쳐다보았다.

"그런데 우리, 공은 있어?"

그때, 어느새 교복에서 체육복으로 갈아입은 소율이가 공을 튕기며 우리 쪽으로 보무당당하게 다가왔다. 갑자기 운동장에 바람까지 불어서 서부 영화의 주인공처럼 보였다.

"자, 하자."

우리는 딱 일곱 명뿐이었다.

"일곱 명인데, 괜찮을까?"

"셋씩 나누고, 한 명은 깍두기로 껴."

우리는 소율이가 하자는 대로 팀을 나누었다. 그리고 공을 던지고, 맞추고, 공을 던지고, 맞췄다.

"반장, 근데 인원이 적으니까 너무 순식간에 끝나잖아."

가장 처음으로 공을 맞고 수비로 나갔던 빛나가 말했다.

보무당당하다 걸음걸이가 씩씩하고 위엄이 있다.

"다른 반 좀 봐."

빛나 말대로 다른 반은 정말이지 피구 대회에 사활이라도 건 듯이 전체가 나와서 연습을 했다. 게다가 그들이 만들어 내는 아름다운 팀워크와 빠른 공은 감탄이 절로 나왔다.

"우리 반은 안 되겠다, 그치?"

우혁이가 솔빈이를 보며 말했다.

"안 된다고 포기할 거야?"

내가 공을 획 던져 우혁이를 아웃시키면서 말했다.

"그래, 체력을 증진시키고, 협동심을 키우려면 다 같이 해 보는 게 중요하겠지."

소율이는 갑자기 교실로 뚜벅뚜벅 걸어갔다. 10분 정도 흘렀을까? 우리 반 아이들이 하나둘 나오기 시작하더니 꽤 많은 인원이 모였다.

"뭐, 뭐냐?"

빛나가 나를 보며 말했다.

"몰라?"

그때, 우리 담임 선생님도 운동장에 등장했다. 소율이가 그 옆에 서더니 아이들을 향해 외쳤다.

"자, 1학년 10반! 샘이 피구 대회에서 우승하면 치킨 쏘신대! 2인 1닭!"

아이들이 마구마구 소리를 질러 댔다.

"샘, 약속하신 거죠?"

"아, 그래! 약속했다, 약속!"

"아, 샘! 1등은 에바예요. 준우승해도 사 주세요!"

아이들이 아우성쳤다. 그러자, 소율이가 선생님 옆에서 소곤소곤했다.

"준우승하면 4인 1닭 약속하셨어!"

그러자 아이들이 "에이!" 하면서도 공을 튕기며 연습을 시작

했다.

"협동심을 기르는 목적이니, 협동에 의의를 두고 꼭 우승하자!"

나는 소율이를 보며 혀를 내둘렀다.

"와, 대단하다, 대단해."

학교에서 내건 피구 대회의 목적이 달성된 듯 보였다. 피구 대회는 우리 반을 단합시키고, 협동심을 키워 주었다. 최하위 팀으로 지목받았었지만, 우리는 두 번이나 이겼다. 우승이나 준

우승은 사실 안 될 말이기는 했다. 비록 치킨은 먹지 못했지만, 나름대로 괜찮은 성적이라고 본다.

피구 대회가 우리 반의 협동심은 키워 주었지만, 분열의 대회이기도 했다. 바로 옆 반인 9반과 철천지원수가 되었기 때문이다. 왜냐, 우리 반이 우승 후보였던 9반을 물리쳤으니까. 참 이상하게도 모래알처럼 흩어지기만 했던 우리 반은 9반이 도발하면 할수록 슬라임처럼 점점 끈끈하게 뭉쳐 갔다.

"10반, 다음 주에 피구 한번 하자!"

9반의 도전장까지 문 앞에 붙어 있었다. 우리 반에게 나쁠 건 별로 없어 보였다. 체육 잘하는 안래나가 그때 육상 대회에 나간다나 뭐라나?

"예스!"

어쨌든, 도전장을 받자마자 또다시 똘똘 뭉치는 우리 반 애들 모습이 꽤 웃겼다. 아니, 어쩌면 제일 흥분한 건 나였다.

'아, 이 맛에 학교 다니지!'

보건실과 위클래스

'아! 미치겠네.'

아침에 일어나자마자 찜찜한 이 기분. 우주의 섭리로 인한 생리 주기가 돌아온 것이다. 화요일 아침부터 생리를 하다니, 정말 최악이었다. 열 명이 주먹으로 내 배를 집중 강타하는 것 같았다. 물론 겪어 본 적 없는 상황이지만 딱 이런 느낌일 것 같았다. 식은땀도 줄줄 났다.

화요일 1교시는 국어 시간이어서 그나마 엎드리지 않고 버텼다. 하지만 평소와 다르게 얼굴이 허옇게 질려 있었는지, 빛나가 나를 쳐다보더니 손을 번쩍 들고 말했다.

"샘, 루나 핏기가 없어요."

국어 선생님이 나에게 다가왔다.

"어머, 루나야? 괜찮아?"

"…… 아니요."

"누가 루나 좀 보건실에 데려다줄래?"

아이들이 너도나도 손을 들었다.

"저요! 제가 갈게요!"

"저요! 저요!"

순간, 너무 감동했다. '얘들아, 고마워. 빨리 나아서 갚을게' 하고 생각했다. 나를 생각해 주는 아이들이 이렇게 많다니 말이다.

내 손을 붙잡고 일어난 건 빛나였다.

"고마워. 나, 빨리 나을게."

"아니야, 아니야. 괜찮아, 괜찮아."

아플 때 내 생각을 해 주는 친구. 빛나에게 정말 고맙고 또 고마웠다. 보건실에 오기 직전까지만 해도 그랬다.

"와, 나 진짜 보건실 와 보고 싶었어!"

빛나는 보건실에 들어오자마자 생기가 돌았다.

"응?"

"수업 시간에 보건실 오는 게 내 로망이었어."

"왜? 어디가 아프니?"

그때 보건 선생님이 나를 보며 물었다.

"생리통이 심해서요."

빛나가 보건 선생님에게 대신 대답했다. 선생님은 나에게 약을 먹겠느냐고 물으셨다. 그리고 침대에 잠시 누웠다 가라고 했다.

"부럽다. 왜 나는 안 아픈 거야."

못 살아. 그러면 그렇지. 그래도 빛나의 시커먼 속이 이해가 되었다.

"너는 교실로 돌아가."

보건 선생님은 빛나를 보며 말씀하셨다.

"샘, 제발 제가 간호하면 안 돼요?"

"으이그! 애들은 왜 이렇게 간호를 하겠다고 하는지. 한 명 아프면 열댓 명이 몰려오기도 한다니까."

보건 선생님은 얼른 교실로 돌아가라고 빛나를 재촉했다. 빛나는 마지못해 무거운 발걸음으로 돌아갔다.

커튼을 치고 누워 있는데, 어쩐지 포근했다.

'다음 시간 수학이지? 하, 계속 아픈 척할까?'

약 기운이 도는지 이런 생각까지 했다. 그때였다. 문이 열리는 소리가 났다.

"…… 머리가 아파서요."

익숙한 목소리다.

'지수? 마지수?'

나는 커튼 뒤에서 보건 선생님과 익숙한 목소리가 대화 나누는 소리를 들었다.

"지수야, 무슨 일 있니?"

지수가 우는 소리가 들렸다. 나는 깜짝 놀라서 몸을 일으켰다.

'지수가 왜? 왜 우는 거지?'

나는 너무 놀라서 커튼을 열어젖히려다 다시 들려오는 두 사람의 목소리에 그만두었다.

"중학교 생활이 많이 힘드니?"

보건 선생님은 뭔가를 아시는 듯했다. 한두 번 온 게 아니란 소리겠지.

"아직도 그 문제가 가장 힘드니?"

나에게도, 지희에게도 그런 티를 낸 적이 없었는데……. 대체 무슨 일일까? 언제나 인싸인 지수에게 무슨 일이 있는 걸까?

"위클래스에서 상담받아 볼래?"

지수는 아무 대답이 없었다. 도대체 무슨 일인데, 왜 우리한테는 말을 안 하는데! 그런데 이 중대한 상황에서 코끝이 자꾸 간질거렸다. 그러더니 기어코 재채기가 나왔다. 내 인생에서 한다고 하고 꼭 해내고야 마는 건 재채기랑 방귀 뀌기밖에 없는 것 같다. 눈치도 없게 그 시점에.

"아니에요. 저 갈게요."

지수는 보건 선생님 말고도 누군가가 있다는 걸 알고는 나가 버렸다.

'후유.'

아는 척할 수도 없었다. 어떻게 하면 자연스럽게 지수와 이야기할 수 있을까? 그 생각을 하다 보니, 배가 싹 나은 것 같았다. 나는 침대에서 몸을 일으켰다.

그때, 보건 선생님이 나를 보더니 말씀하셨다.

"이제 괜찮아?"

나는 고개를 끄덕였다.

"샘, 혹시 친구가 아프면요, 몸이 아니라 마음이요. 그럴 땐 어떻게 응원해요?"

"응?"

"아까 지수요. 저랑 친한데, 힘든 걸 말을 안 했어요."

그러자 보건 선생님은 나를 보며 웃었다.

"아무에게도 말하고 싶지 않을 때도 있거든. 지수는 지금 그런 거야."

나는 입을 내밀었다. 친한 친구면서, 말하고 싶지 않다니. 친구가 필요 없다는 건가? 그런 내 표정을 읽으셨는지, 선생님이 나를 보며 물었다.

"그러면 이거 한번 해 볼래?"

선생님은 나에게 위클래스 또래 상담반의 '힘내, 친구야'라는 행사 전단을 건넸다. 또래 상담반이란 또래 상담자 교육을 하고, 학교 폭력 예방 캠페인 활동이라든가 교내 이벤트 진행 등등 동아리 활동도 함께 하는 부서다. 또래가 상담하니 더 공감되는 느낌이랄까? 어쨌든, 나는 이미 댄스부지만, 선생님이 특별히 도와 달라고 부탁하셨으니 하겠다고 고개를 끄덕였다.

"하아, 괜찮겠지?"

나는 지수가 가장 좋아하는 판다 인형 틀과 옷을 입었다.

"으, 더워."

내 옆에 고양이는 지희였고, 토끼는 준수였다. 아마 지수는 모를 것이다.

저만치에서 지수가 걸어왔다. 어깨를 축 늘어뜨리고 있었다.

"가자!"

내가 지희와 준수의 옆구리를 콕콕 찔렀다.

우리는 우르르 몰려가서 지수를 에워쌌다.

"와, 판다다!"

나는 지수를 꽉 안았다. 그리고 토닥토닥했다.

"네가 있어서 좋아! 정말 좋아!"

나뿐만이 아니었다. 고양이와 토끼도 달려가서 지수를 둘러쌌다.

"지수야, 우리가 있어!"

지수가 웃다가 울었다.

"고마워."

우리의 목소리를 알아들은 것이 분명했다. 속을 다 털어놓아야만 진짜 친한 사이 같지만, 가끔은 모른 척해 주기를 바랄 때도 있다는 것을, 나는 처음으로 알게 되었다. 지금은 자기가 짊어진 문제가 힘들어서 말로 할 수 없다는 것을.

지수가 그 시간을 보내고 나면 나에게, 우리에게 말해 줄 것이라는 믿음이 있었다. 그렇게 되기까지 나는 지수에게 끊임없이 말하고 싶었다. 네 곁에는 내가 있어. 그리고 우리가 있어. 변하지 않을 거야, 너랑 계속 함께 웃고 싶어.

봉사 활동

루나: 나, 봉사 활동 하고 왔어.

중생봇: 오호! 정말이야? 어땠어?

루나: 응. 완전 재밌던데?

중생봇: 중, 고등학생에게는 반드시 채워야 하는 봉사 활동 시간이 정해져 있어. 장점도 있지만, 부담을 준다는 의견이 있어서 요즘에는 교내에서 봉사 활동 시간을 채우곤 해.

루나: 나, 봉사 활동 해 보니까 그동안 내 진로로 생각해 보지 않았던 직업에 대해 고민하게 되더라? 아무래도 좀 더 해 보고 싶은데, 학교 말고 봉사 활동 할 수 있는 다른 곳 없을까?

중생봇: 한국중앙자원봉사센터에서 운영하는 1365 자원봉사포털에서 자기에게 맞는 봉사 활동을 찾아볼 수 있어.

루나: 홈페이지들 좀 알려 줄 수 있어?

중생봇: 오랜만에 적극적이네? 내가 몇 군데 찾아봤으니까 한번 살펴봐!
- 1365 자원봉사포털: www.1365.go.kr
- 청소년 활동 정보 서비스: www.youth.go.kr
- 서울시 자원봉사 센터: volunteer.seoul.go.kr

루나: 방학 때 한번 신청해 봐야겠다! 유후!

방학 계획은 찬란하였지!

 방학이 오고야 말았다.
 '으아아아! 너무 좋다.'
 아침에 늦게 일어나도 된다. 학교에 안 가도 된다.
 이렇게 더울 때, 교복 입고 학교에 가는 게 얼마나 싫은지. 아마 중학생 백 명에게 물어보면, 백 명 다 방학이 좋다고 할 거다. 학교에서 연애하는 아이 빼고. 아, 물론 나는 남친이 같은 동에 사니까 제외다. 난 방학이 좋다.
 그렇게 두근대며 맞이한 방학 첫날.
 "방학 동안 해야 할 일 계획을 짜 봐."
 엄마는 나에게 얼토당토않은 말씀을 하셨다.
 인터넷에서 유행하는 MBTI 검사를 하면, 나는 언제나 ENFP

가 나온다. 가장 뒤에 있는 P의 성향은 '계획'이라는 것과는 아주아주 거리가 멀다. 그런데 엄마는 J처럼 계획을 세워 보라고 한 거다. 저녁 메뉴까지 계획을 세우면, 엄마도 그걸 들어준다나?

'내가 못 할 줄 알아?'

나는 아주아주 디테일하고 멋지고 찬란한 계획을 세우기로 했다.

이 얼마나 아름다운가! 또, 얼마나 찬란한가! 이것이 바로 나

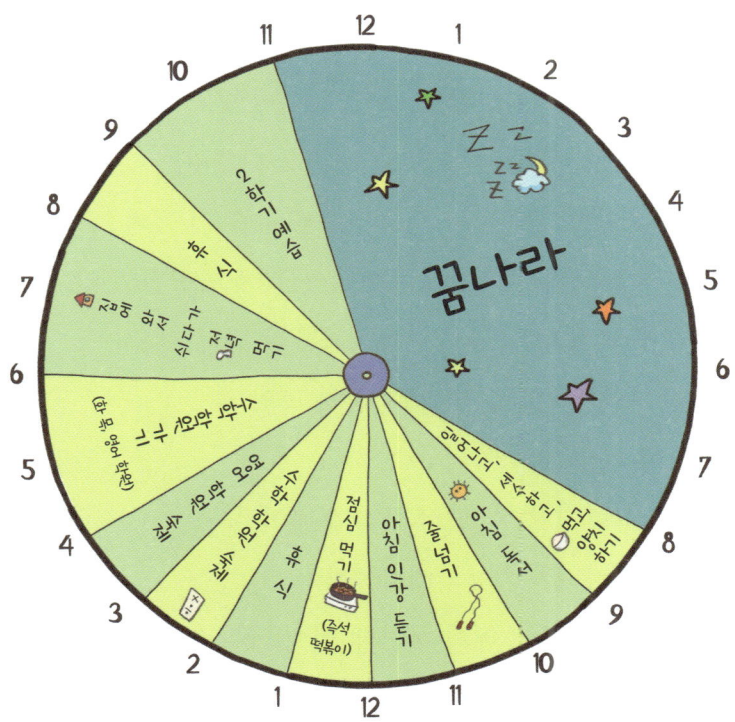

의 계획이다. 특별히, 엄마에게 보여 주려고 오늘의 메뉴까지 곁들인 나의 센스!

"어디 볼까? 떡볶이에, 닭갈비에, 먹고 싶은 걸 다 써 놨네."

엄마가 웃었다.

"그런데 오늘은 이거 못 먹는데?"

"아, 왜?"

"어제 해 놓은 제육볶음 먹어야 돼."

"아, 안 돼! 계획에 어긋나잖아."

"쏘리! 하루만 미루자."

그러다 번뜩이는 생각이 스쳤다. 엄마, 타의 모범이 되어 주셔서 감사해요. 그렇다. 엄마도 계획을 미룬다.

"계획 미뤄도 되는 거야? 그럼 나도 아홉 시 계획은 패스!"

아침에 학교에서 스마트폰 제출 시간에 압박받지 않고 집에서 여유롭게 스마트폰을 하니, 이렇게나 편안했다.

"루나, 열 시에 줄넘기네. 얼른 하고 와."

가만히 있을 내가 아니었다.

"엄마, 그런데 벌써 열 시 삼십 분이야."

"그래, 그러니까 줄넘기해야지!"

"안 돼. 딱 정각에 해야 하는데 벌써 삼십 분 지났어. 그러니까 그건 내일부터. 삼십 분만 더 놀고 열한 시부터 인강(인터넷 강의) 들을게."

"어휴. 참아야지. 참아야 한다. 참아야지. 참아야 한다."

엄마는 한숨을 푹푹 내쉬었다. 엄마는 참을 인을 세 번이 아니라 네 번이나 말했다. 머리에 김이 막 올라온 것 같더니, 참겠단 말을 하자마자 도인이 된 듯이 미소를 띠며 말했다.

"그래, 루나야. 그러면 열한 시부터 인강 꼭 들어라."

"오케이!"

하지만 스마트폰이 나를 놓아주지 않았다. 물론, 스마트폰 입장에서는 내가 놓아주지 않았다고 하겠지만 말이다. 어쨌든, 어느새 열한 시가 훌쩍 넘어 버렸다.

"루나, 몇 시니? 열한 시 됐어?"

엄마는 화장실 청소를 하면서도 나에게 소리쳤다.

"아, 왜 벌써 열한 시야."

나는 방으로 어슬렁어슬렁 들어가서 인강을 틀었다. 인강 선생님의 목소리는 속절없이 흘러나오고, 나는 그걸 배경 음악 삼은 채 스마트폰으로 동영상을 보았다. 그때, 갑자기 지수가 톡을 보내왔다.

지수는 여름 방학 일주일 전에 체험 학습을 쓰고 미국에 갔었다.

인강은 다시 찾아오지만, 오늘의 놀 기회는 다시 오지 않는다. 인강은 시간에 관계없이 들을 수 있지만, 놀 기회는 낮뿐이다. 게다가 지수가 오랜만에 우리를 불러냈다.

나는 살금살금 집을 빠져나왔다. 지희와 지수가 먼저 와서 수다를 떨고 있었다.

"와, 마지수!"

반가운 마음에 지수를 불렀다. 지수는 나를 보며 웃었다.

"미국에서 언제 온 거야?"

"어제 낮에 왔어!"

"오! 오자마자 우리 만나는 거야?"

"당연하지!"

우리는 새로 생긴 분식점에 갔다. 먹고 싶은 재료를 가지고 와서 직접 만들어 먹는 곳이다.

"넣을 거 다 넣자. 내가 쏠게!"

지수의 말이 떨어지자마자, 재료를 담기 시작했다.

"차근차근히 해. 너 지금 무슨 야수 같아."

지희가 내 팔뚝을 쿡 찔렀다.

"야수 말고, 푸드 파이터! 방학 때 키 클 거야. 먹어야 큰다며."

내가 지희를 바라보자, 지희는 고개를 끄덕였다.

"맞다. 떡볶이는 살 안 쪄. 살은 내가 찌지. 킥킥."

우리는 떡볶이를 해서 맛있게도 먹었다. 지수는 깊은 이야기는 하지 않았지만, 한결 나아진 것 같았다. 꽤 자주 웃었으니까. 그리고 한마디 힌트를 주었다.

"아기가 귀엽더라고."

"응? 아기? 무슨 아기?"

"아빠네 다녀온 거잖아."

나는 입을 꾹 다물었다. 지수는 그 이야기를 하면서 눈이 촉촉하게 젖어 들었다.

"그래, 울고 싶을 땐 매운 걸 먹어야 해. 고춧가루를 더 넣어 달라고 할까?"

내가 두리번거리자, 지수가 웃었다.

"아, 안 되겠다. 웃어야지. 더 매웠다가는 우리 엉덩이에 불난단 말이야."

"아냐, 울어야 해. 울어야 풀리는 거야."

내가 자리에서 일어나자, 지수도 지희도 나를 막았다. 이럴 땐 오버 액션을 하면서 둘러대는 것이 도와주는 길 같았다. 지수가 웃고 있으니까.

"저기, 방학에 우리 봉사 활동 같이 가자."

지희가 먼저 의견을 냈다.

"오, 좋지! 그러자! 1365인가 거기에서 찾아볼까?"

지수도 맞장구를 쳤다.

"이 모범생들 보게. 나는 교복 입고 놀이공원 놀러 가자고 하려 했는데."

내가 구시렁거리자 지수도, 지희도, 눈이 휘둥그레졌다.

"와, 짱! 완전 신박한데?"

지희가 나에게 엄지손가락을 추켜세워 주었다.

"그런데 셋은 좀 애매하지 않나? 놀이기구도 둘씩 타는 게 많잖아."

지수가 나를 바라보았다.

"미안한데 얘들아, 그 의견은 준수가 낸 거야. 준수까지 넷이 가자."

그러자 지희와 지수가 나를 바라보며 동시에 '에~' 하고 야유를 퍼부었다.

"아, 커플이랑 가야 한단 말이야?"

지수는 키득키득 웃었다.

"강준수가 루나한테 루나 루나, 이러는 걸 방학 때도 보게 생겼구나."

지희도 키득거렸다.

"어쨌든, 날짜나 잡아 보자고!"

놀리는 걸 알면서도 기뻤다. 두근거렸다. 이건 누가 세우라고 해서 세운 계획이 아니었다. 우리만의 방학 계획은, 봉사 활동 같이 가기, 그리고 놀이공원 같이 가기.

우리는 '같이'하고 싶었다. 재미있는 것을. 내가 집에서 세웠던 오늘의 계획은 찬란했지만, 친구들과 함께할 계획은 더욱 찬란했다.

소민 언니의 성적표를 사수하라!

아침부터 카톡이 요란하게도 울어 댔다. 무슨 일인가 싶어서 스마트폰을 들여다보았다.

큰일이다, 루나.

큰일 났어, 루나.

루나, 자니?

루나, 루나.

소민 언니였다.

답장을 보내니 곧바로 소민 언니에게 다급함이 느껴지는 톡이 왔다.

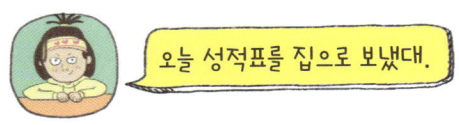

그 한마디면 됐다. 갑자기 계단에서 채점한 시험지를 들고 울고 있던 언니가 생각났다.

나는 무슨 구호 단체 사람도 아니면서 언니에게 마음이 쓰였다. 그래서 외쳤다. 걱정하지 말라고, 나만 믿으라고.
언니와 나는 아침을 먹자마자 만나기로 했다.

"루나, 아침부터 어디 가냐?"

아빠가 출근 준비를 하면서 물었다.

"인류애를 발휘하기 위해서, 이 몸이 좀 나가야 해."

"인류애?"

"응. 나의 1년 후를 미리 겪고 있는 듯한 분을 좀 도와야 해서."

그러자 아빠는 입술을 꾹 닫았다.

"인류애는 둘째 치고, 두부 좀 산책시켜 줘."

"아, 혼자 좀 하라 그래. 두부야! 대체 언제까지 누나가 시켜 줘야 해!"

아빠는 입을 쩍 벌렸다.

"너 정말 두부를 동생으로 여기는구나? 음, 이렇게 편견이 없네. 우리 루나."

아빠는 낄낄 웃어 댔다. 아니, 지금 웃을 타이밍이 아니다. 사람 하나 구하러 가야 한다고!

아빠는 내 손에 두부의 하네스를 건네주었고, 똑똑한 두부 양반은 하네스를 보자마자 토끼가 뜀뛰듯이 점프해서 나에게 왔다. 저거, 저거, 개춘기 지난 지 얼마나 되었다고 저렇게 천진난만하냐?

나는 그러거나 말거나 조용히 작전 임무를 생각하면서 엘리베이터를 탔다. 물론, 두부를 데리고. 1층에 도착해 엘리베이터에서 내리자마자 언니가 보였다.

"아, 깜짝이야. 언니!"

"쉿!"

"언니, 언제부터 나와 있었어요?"

"아, 그게. 아까 너한테 톡할 때부터."

"언니, 우체부 아저씨가 이렇게 빨리 오세요?"

"아, 몰라. 그냥 나왔어. 그 말 듣는 순간부터 집에 있을 수가 있어야지."

나는 한숨을 훅 내쉬었다. 그러게 시험 좀 잘 보지 그랬냐고 말할 수도 있겠지만, 누군 못 보고 싶어서 그랬겠나. 게다가 언니네 언니는 성적이 전교권이니, 성적이 어떻든 늘 비교가 되고도 남는다. 내가 소민 언니네 집에서 태어나지 않은 것이 다행이랄까?

"암튼, 나 지금 배도 너무 고파."

"언니, 그럼 편의점 가서 삼각김밥이라도 먹고 와요. 내가 지키고 있을게요."

"그럴까?"

언니는 내 말이 끝나자마자 기세 좋게 편의점으로 내달렸다.

"아휴, 언제까지 기다려야 하지?"

나는 한숨이 절로 났다. 그때, 갑자기 두부가 낑낑거리기 시작했다.

"두부, 왜 그래? 조금만 기다려."

나는 두부를 안아 올렸다. 하지만 계속해서 낑낑거렸다. 이건 보나 마나 응가다!

"아, 어떡해. 아무것도 안 가지고 왔는데."

나는 언니에게 재빨리 전화를 걸었다. 하지만 삼각김밥을 사러 간 게 아니라 싸러 간 것인지, 언니는 전화를 안 받았다.

"아, 미치겠네."

나는 얼른 두부를 안고 사람이 다니지 않는 곳으로 뛰었다. 그리고 언니가 오면 비닐봉지와 젓가락 좀 가져다 달라고 해서 응가를 수거해야겠다고 생각했다.

"두부야, 응가. 응가 눠. 얼른."

그런데 이게 무슨 일이야. 저만치에서 오토바이가 보였다. 빨간색 오토바이!

"뭐야? 뭐야?"

그 소리를 들은 두부가 응가는 누지 않고 몸을 부르르 떨더니, 오토바이를 쫓았다.

"야! 이두부!"

나는 두부를 쫓아갔다. 두부는 오토바이를 쫓아갔다. 나는 거의 기진맥진해 헥헥거렸다.

"두부! 안 돼!"

내가 잠시 숨을 돌리는 틈을 타 두부가 혼자서 뛰었다.

"저놈의 자식. 잡히기만 해 봐!"

나는 두부를 쫓느라 땀이 줄줄 났다.

"아, 내가 진짜 아침부터 뭐 이런 생쇼를……."

쫓고 쫓기던 빨간색 오토바이가 우리 동에 딱 멈춰 섰다. 두부도 딱 그 자리에 섰다.

"어? 루나, 너 어디 갔다가 와?"

언니는 하얀 봉투를 손에 들고 팔랑팔랑 흔들었다.

"어, 언니이이이……."

나는 힘이 쭉 빠졌다.

"왜 그래?"

"그게 아니라……. 두부가, 헥헥. 아이고, 이놈이, 이제야, 헥헥."

인류애 발휘고 자시고, 난 지금 인류애 충전이 필요하다. 방전 상태다.

"괜찮아? 너 얼굴이 새파래졌다, 야."

"언니는? 바, 받, 았어요?"

"그럼. 완전 나이스 캐치를 했지!"

언니가 씩 웃었다. 그때였다. 두부가 옆에서 낑낑거리더니, 마침내 응가를 누었다.

"하아……. 저 올라갔다 올게요. 두부가 응가 눠서."

"왜 올라가?"

"아, 이거 치워야죠. 개똥."

그러자 언니가 피식 웃었다. 그러고는 아주 흔쾌히 하얀 봉투를 내밀었다. 봉투 아래쪽에는 언니네 집 주소와 이름이 적혀 있었고, 위쪽에는 우리 학교 이름이 적혀 있었다.

"뭐해! 받아."

"네? 저한테 성적표를 주려고요?"

"그래, 개똥 치우는 데 딱 좋을 성적이라. 흐흐흐."

언니가 웃으니까 나도 웃음이 났다. 저렇게 해맑게 웃다니.

"이걸로 우리의 작전은 성공이지!"

나는 언니가 내민 봉투에 개똥을 잘 넣었다. 언니는 봉투 안에 있던 성적표는 구깃구깃하더니 주머니에 넣었다.

"집에 가서, 잘 버릴게요. 언니, 고마워요."

"아, 오늘은 발 뻗고 잘 수 있겠다!"

나는 후유, 하고 한숨을 내쉬었다. 그런데 문득, 이런 생각이 떠올랐다.

"언니, 그런데 언니네 언니 성적표는요? 그거 보시면 언니 성적표도 찾으실 거 아니에요!"

그러자 언니는 눈을 감고 웃으며 말했다.

"그럴 줄 알고, 그것도 다 처리해 뒀지!"

다른 손에 하얀 봉투가 하나 더 있었다. 성적은 철저하지 못했지만, 성적표 처리는 철저한 소민 언니였다.

뛰는 놈 위에, 나는 나이스

"루나야, 여기야!"

소민 언니가 편의점 앞에서 나를 불렀다. 두부를 집에 데려다 놓고 나오는 길이었다. 내가 편의점 앞까지 갔더니, 언니는 버선발로 마중하듯 달려오더니 내 손을 잡았다.

"하아, 고맙다. 정말 고마워!"

"아유, 뭘요."

언니는 시원한 음료수와 젤리까지 내 손에 쥐여 주었다. 우리는 아파트 벤치에 앉았다. 쨍쨍 내리쬐는 해가 꼭 우리의 업적을 빛내 주는 강렬한 기운처럼 느껴졌다.

"언니, 원래 성적표를 그렇게 줘요?"

"아니. 그냥 애들한테 주는 반이 대부분이야. 몇몇 특이한 샘만 우편으로 정성 들여 보낸 거야. 하필 그게 나랑 언니네 반이네."

언니가 정말 위대하고 또 위대해 보였다. 그런데 언니가 신나게 성적표 숨긴 '썰'을 풀어내는 동안, 갑자기 전화가 왔다.

"여보세요? 네?"

언니의 표정이 심각했다.

"루나야, 너 먹고 들어가. 나 먼저 간다."

"어, 언니!"

언니는 내 품에 자기가 먹으려고 샀던 간식들을 안긴 채 사라졌다.

며칠 후, 소민 언니를 만났을 때 언니는 축 처져 있었다.

"언니, 어디 아파요?"

소민 언니는 고개를 절레절레 저었다.

"그럼 왜요?"

"성적표. 엄마가 알아 버렸어."

하긴, 내 생각에도 그걸 들키지 않는 게 용하다 싶었다. 지효 언니가 있으니 더더욱. 생각해 보면, 공부를 잘하는 지효 언니는 성적표를 누구보다도 더 기다렸을 게 뻔하니까 말이다.

"나, 정말 성적표가 그렇게 집요한 줄 몰랐어."

"다시 보냈어요?"

"우리나라는 너무 빠르고, 손쉽게 정보를 얻을 수 있어."

"네?"

"맘 카페에 엄마가 성적표 유무를 물은 것은 물론이고, 언니에게도 들었으며, 성적표가 안 왔다고 했더니 담임 샘이 다시 보내 주신다고 했대."

"아이고."

'언니, 나는 그럴 거라는 생각을 잠시나마 했는데 왜 언니는 몰랐어요?'라고 말할 뻔했다.

"게다가 나이스에 죄다 올라온대."

"나이스요? 나이스 샷?"

"뭐래니. 나이스 대국민서비스."

나는 영문을 몰라서 언니만 멀뚱히 바라보았다. 대국민서비스라니. 언니는 그게 뭔지 물어봐도 철천지원수를 만난 듯이 입을 꾹 다물었다.

나는 집으로 돌아와서 엄마를 찾았다.

"엄마! 엄마! 엄마도 대국민서비스 알아?"

"대국민서비스? 글쎄?"

"있다던데, 나이스라고."

엄마는 잠시 생각하더니 컴퓨터를 켰다.

"이거 말하는 거야? 나이스 대국민서비스?"

엄마가 보여 준 것이 맞는 듯했다.

"네 사진도 있고, 여기 반이랑 번호, 담임 선생님 성함도 써 있고, 어디 초등학교 졸업했는지도 있고, 성적이랑 생활 기록이 다 올라와."

뜨끔.

"어, 엄마도 알고 있었어?"

"당연히 알고 있었지. 초등학교 때부터. 학년말이 되면 여기에서 선생님이 우리 루나에 대해 어떻게 생각하셨는지 볼 수 있거든."

"아, 엄마! 그걸 왜 알았어? 그냥 몰라도 되는데."

"왜? 비밀이야?"

"응. 잘했을 때만 봐. 그거 판도라의 상자 같은 거라고."

엄마가 피식 웃었다.

"그러지 말고, 독서록도 좀 써 봐. 독서 활동 기록하는 사이트도 있잖아. 거기에 말이야."

"숙제하라는 거야?"

그러자 엄마는 살짝 내 눈치를 살폈다.

"여기에 네가 어떻게 생활했는지, 기록할 수 있는 거잖아. 엄마는 결석 없이 열심히 학교 다니고, 동아리 활동도 열심히 하고, 성적이 좋다는 내용만 있길 바라는 건 아니야. 루나가 학교 생활을 즐겁게 했다는 기록을 남기면 더 좋겠어. 즐기는 사람을 따라올 사람은 없다던데?"

"알았어. 그러니까 독서록도 쓰라는 거지?"

내가 입술을 삐죽 내밀었다. 저럴 때 보면 정말 독서 논술 선생님이 따로 없었다. 그러면서도 머릿속에는 무슨 책을 읽어 볼까, 생각했다. 중학생이 되면서 책 읽는 것에 조금 소원해지긴 했다. 재미있는 이야기를 읽어 보고 싶다. 엄마라면 추천해 줄지도 모른다. 이런 건 착착 잘 맞는 환상의 콤비니까. 작심삼일로 끝나 버릴지언정.

나이스 대국민서비스

루나: 아, 드디어 나왔어. 나이스라는 말.

중생봇: 흐흐흐. 아주 나이스하지?

루나: 나이스 좀 보여 줘 봐. 도대체 뭔데?

중생봇: 나이스 대국민서비스에 들어가서 학부모 서비스를 선택하는 거야. 그런 다음, 자기 지역 교육청을 선택하여 회원 가입을 하고, 인증서를 등록해. 그러면 담임 선생님께서 승인해 주시지.

루나: 뭘 확인할 수 있어?

중생봇: 출석 기록부터 수상 기록, 과목별 평가 점수와 담당 선생님 별로 세부 능력과 특기 사항을 기록하는 이른바 '세특', 그리고 담임 선생님의 평가도 볼 수 있어. 그런데 이건 학년말이 되어 다음 학년으로 올라갈 때 확인할 수 있는 거야.

루나: 나이스에서 성적표도 볼 수 있다면서?

중생봇: 맞아. 교과 성적도 학기말이 되면 점수와 A부터 E까지의 등급이 함께 올라 와. (단, 음악, 미술, 체육은 A, B, C)

루나: 점수와 등급?

중생봇: 중학교는 절대 평가야. 그래서 A, B, C, D, E로 등급이 나누어져.

성취도	A	B	C	D	E
원점수	90~100	80~89	70~79	60~69	59 이하

단, 예체능 과목인 음악, 미술, 체육은 A, B, C 세 단계로 나누지.

성취도	A	B	C
원점수	80~100	70~79	59 이하

원점수는 소수점 첫째 자리에서 반올림한다는 것도 알아 두길 바라.

교복 입고 놀이공원

어느 날, 준수가 나에게 말했다.

"나, 교복 입고 놀이공원 가 보고 싶어. 꿈이야."

생전 뭘 하고 싶다고 말하는 아이가 아닌데, 그렇게 말하니 오케이를 외칠 수밖에 없었다.

"그게 왜 꿈이야?"

"어릴 때 엄마 아빠랑 놀이공원에 갔는데, 누나들이랑 형들이 교복 입고 온 걸 봤거든. 그게 그렇게 부럽더라고."

"남자애가 그런 로망 가진 거 처음 봐."

그렇게 말은 했지만, 나도 좋았다. 부모님이 아니라 친구들과 함께 간다니, 더 좋을 수밖에. 그래서 우리는 계획을 세우고 마침내 실행에 나섰다.

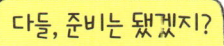 

 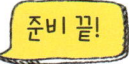

　설렌다. 너무 기분이 좋아서 하늘을 날아갈 것 같다. 이대로 대나무 헬리콥터를 머리에 달고 포로로 날아가면 더없이 좋겠지만, 나에게는 로봇 친구가 없다.

　"조심해서 다녀와. 길 잃어버리지 말고!"

　"알았으니까 걱정은 꽉 붙드세요!"

　나는 엄마를 한껏 끌어안기까지 했다. 기분이 좋으면, 엄마에게 애교가 마구마구 발사되었다. 내가 봐도 내가 너무 업된 듯했다.

　"아이고, 태워다 주면 좋은데, 아빠가 지방 가는 바람에."

　"아빠! 우리끼리도 갈 수 있거든요!"

"조심, 조심, 또 조심해야 해! 알았지?"

"예압!"

나는 인사를 마치고, 버스 정류장으로 향했다.

"루나! 여기야!"

아이들이 벌써 나와 있었다. 약속대로 모두 교복을 입은 상태였다.

"방학에 교복 입고 만나니까 되게 신선한데!"

"그럼!"

우리는 그냥 웃었다. 넷이 동그랗게 모여서 버스 카드를 내민 다음, 사진도 찍었다.

"어, 저 버스 아냐?"

"맞아! 맞아!"

우리는 버스에 올랐다. 그리고 카드를 태그했다.

'청소년입니다!'

'청소년입니다!'

'청소년입니다!'

'청소년입니다!'

그 말을 듣는데, 마냥 웃음이 났다.

"역까지 몇 정거장이지?"

"네 정거장."

우리는 고개를 끄덕였다. 수다가 끊이지 않았다. 버스가 마구 달렸다.

그때였다. 준수가 주위를 둘러보았다.

"야, 이상해. 버스가."

"뭐가 이상해?"

"완전 다른 데로 가잖아?"

그때였다.

"얘들아, 너희 어디 가니?"

버스 기사 아저씨가 우리를 바라보았다. 내가 묻고 싶은 말이었다.

"그러는 아저씬 어디 가세요?"

"나야, 종점으로 가지."

"저희는 지하철역에 가는데."

우리는 시내로 나가는 중이었는데, 어떻게 된 게 버스는 자꾸만 우리 학교 쪽으로 가는 것이었다.

"응? 그럼 반대 방향인데?"

"네?"

우리는 너무 놀라서 서로 얼굴만 바라보았다.

"여긴 너희 학교 가는 쪽이고, 지하철역 가려면 아까 너희들이 탔던 정류장 건너편에서 타야 해."

맙소사. 이를 어째야 하나.

"야, 내려! 내려!"

"찍어! 버카(버스 카드) 찍어!"

우리는 버스 카드를 태그한 다음, 내렸다. 내렸더니, 우리 학교 앞이다.

"와, 아무도 의심조차 안 했어."

"너무 자연스러워서 어이가 없다. 어떻게 학교를 오냐."

우리는 학교를 멀뚱히 바라보았다. 방학이라 인적 없는 학교를.

"빨리 건너가자."

우리는 횡단보도를 건너 맞은편 정류장으로 갔다.

"휴, 방학에 학교를 오다니. 있을 수도, 있어서도 안 되는 일이."

난 이제까지 집중력만 있는 줄 알았다. 집을 향하는 중력. 그런데 방학에도 학교를 찾아오게 하는 '학중력'이 작용하고 있을 줄이야.

"어우, 소름이다. 소름!"

우리는 이 한여름에 소름이 돋아 팔뚝을 쓸어내렸다.

우리는 버스를 타고, 내리고, 또다시 지하철을 타고, 또 갈아탄 끝에 겨우겨우 잠실에 있는 놀이공원에 도착했다.

"와, 온 세상 아이들이 다 온 것 같다."

"눈치 게임 망했네."

놀이공원에는 아이들이 셀 수도 없이 많았다.

기다리고 기다리고 또 기다렸다. 이런 날은 그게 필수니까. 겨우 청소년증을 보여 주고 할인까지 받아 자유 이용권을 샀다. 드디어 입장이다. 노래가 흘러나왔다. 나를 환상의 월드로 데려다주는 노래.

"좋아! 이 기분! 이 몽롱한 느낌!"

저만치에, 우리처럼 교복을 입고 온 중학생들이 보였다.

갑자기 판타지 세상에 들어온 것 같았다. 교복도 오늘만큼은 특별한 세상에 온 아이들의 특별한 복장처럼 느껴졌다.

"가자! 바이킹 타러."

우리는 줄을 섰다. 줄은 길고 또 길었고, 바이킹을 타는 순간은 불과 몇 분밖에 안 되었다. 지루하다그 말을 하면서도 신이 났다.

"또 타자!"

누가 먼저랄 것도 없이 외쳤다. 물론, 그러려면 한 시간은 더 기다려야 했다. 중학교 생활을 떠올리면 제일 먼저 기억날 만한 특별하고 멋진 날이었다. 버스를 잘못 타는 실수가 있어서 어쩌면 더더욱 완벽한 그런 날. 그리고 내가 할 수 있는 게 조금은 늘어난 것만 같은 그런 날.

청소년증 발급

루나: 청소년증은 어떻게 발급받아?

중생봇: 처음 발급받는 사람은 행정복지센터에 가서 신청하면 돼. 단, 꼭 반명함판 사진 2장을 가지고 가야 하지. 만약, 직접 가지 못한다면 부모님이 가족관계증명서와 부모님의 신분증, 그리고 반명함판 사진을 가지고 행정복지센터 사회복지과 창구에 방문하면 돼.

루나: 그런데 청소년증은 왜 만들어? 무슨 혜택이 있어?

중생봇: 청소년증은 신분증을 대신하는 역할도 하지만, 다양한 혜택도 있어. 청소년 신분임을 확인해서 대중교통, 놀이 시설, 박물관 등에서 할인받을 수 있지. 그리고 청소년증에 교통 카드 기능도 넣을 수 있고, 선불 체크 카드로도 활용할 수 있대.

루나: 그런데 잃어버리면 어떻게 해? 다시 못 만들어?

중생봇: 아니. 복지로 사이트에서 재발급받을 수 있다고 하니까 참고하길 바라.

개학이 코앞인데, 교복이 작아졌다

설마설마했다. 거울로 봤을 때, 볼살이 조금 오르고, 한동안 입지 않았던 청바지가 조금 끼는 느낌이 들었을 뿐이었다.

"우리 루나, 교복 안 작아졌나 모르겠네?"

엄마한테 그 말을 들었을 때도 그저 사춘기 대 갱년기 싸움의 일종인, 나를 향한 디스인 줄 알았다.

그. 런. 데.

빛나가 교복이 딱 맞는다고 투덜대는 것을 듣고서야 나도 교복을 입어 봐야겠다는 생각이 들었다. 셔츠는 목이 조금 답답했지만, 그럭저럭 통과. 문제는 교복 치마와 바지였다. 허리가 꽉 끼다 못해 답답했다. 뱃살이 조금 찌긴 했다. 엉덩이가 조금 더 커진 것 같기도 했다.

그렇다고 이럴 일인가. 불과 한 달 사이에 말이다. 교복 치맛단은 접지 않으면 아직도 이렇게 긴데. 한마디로 살은 찌고 키는 덜 컸다는 뜻이다. 개학이 코앞인데 교복이 작아지다니!

'그러기에 그만 먹었어야지'라는 아빠의 음성이 들려오는 듯했다. '그러기에 옷을 더 크게 맞췄어야지'라는 엄마의 음성도 들려오는 것 같았다. 인생은 정말 내 마음대로 흘러가지 않는다.

"준수야, 나 살쪘어?"

학원에 가려고 엘리베이터를 탔다. 엘리베이터가 5층에 멈추고 문이 열리자마자 말했다. 준수는 엘리베이터에 발을 들이기도 전에 당황한 표정을 지었다.

"말해 봐. 나, 살쪘지?"

나는 눈으로 레이저를 쏴 댔다.

"아, 그, 그게. 키가 큰 거 아닌가?"

준수는 말을 돌렸다. 그러더니 말수가 급격히 줄어들었다.

"키가 컸다고? 얼마나? 너랑 차이가 더 나는 것 같은데?"

"아, 내, 내가 더 컸나 봐."

"그럼 살은? 살은 안 쪄 보여?"

내가 계속해서 물어 대자, 준수는 말을 얼버무렸다.

"키가 조금 큰 것 같아."

"살은 어떻냐니까!"

"음, 살은 키가 커서 조금 찐 건가…….."

준수가 말을 덧댈수록 내 말수는 급격히 줄어들었다. 표정이 악독해진 건 말할 것도 없다.

"루나, 너 키가 컸어. 살은 오히려 빠졌을 거야. 아마도."

준수의 말투가 AI 스피커 같다. 어색하다. 살이 오히려 빠졌다는 말 따위는 들리지 않고, 그 전에 했던 '조금 찐 건가'라는 말이 머릿속에서 떠나지 않았다.

"강준수, 너 왜 거짓말하냐?"

"어? 내가 어, 언제?"

"지금. 바로 지금. 나우!"

준수는 정말 멍하니 나를 바라보았다.

"하아, 그럼 뭐라고 말해?"

"뭐라고?"

"답은 정해져 있는 거 아냐?"

"아, 아니. 그게 아니라."

그러니까 준수 말은 내가 '답정너'라는 뜻? 나는 그럴 의도가 아니었다. 언제나 유하게 내 말을 받아치던 준수가 저런 말을 하는 게 놀라웠다.

아, 이런 게 헤어질 타이밍인가. 갑자기 나한테 정이라도 뚝 떨어진 걸까? 오만가지 생각들로 혼란스러울 때였다. 엘리베이터 문이 열렸다. 내가 먼저 내렸다. 아마도 준수가 따라오고 있을 것이다. 나는 뒤돌아서 무마를, 아니 사과를 하려고 했다.

그런데 준수가 없다. 사라져 버렸다.

앞을 바라보니 마구 걸어가고 있었다.

"야! 강준수!"

준수는 뒤도 돌아보지 않았다.

"준수야! 말 좀 하자고! 말 좀!"

그제야 준수가 멈추었다. 언제 저렇게 보폭이 넓어졌나. 나는 헉헉거리면서 뛰어갔다.

"야! 너, 진짜! 헉헉! 그러고 가면! 헉헉!"

"루나, 살은 중요한 게 아니야."

"어?"

"넌 언제나 귀여워."

"뭐?"

어처구니가 없어서 웃음이 나왔다.

"그런데 운동 부족은 맞는 것 같아. 그렇게 잘 뛰던 애가 이 정도로 힘들어해?"

듣고 보니, 준수 저 녀석이 나를 지금 시험했나 싶었다. 운동 부족이니, 운동해서 살을 빼라는 건가. 아, 이건 나의 끝 간 데 없는 오버스러운 상상인가. 나는 정신 줄을 부여잡고, 말을 이었다.

"강준수! 지금 여름이야. 이렇게 더운데 운동을 했겠냐, 엉?"

그러자 준수가 물끄러미 나를 바라보았다.

"나도 쪘어. 방학이라 조금 빈둥거렸더니 말이야."

"엉?"

"그러니까 같이 하자."

갑자기, 훅 들어온 '같이'라는 말. 내 볼이 빨개졌다면, 더워서다. 뛰어서다. 절대로 그 말 때문이 아니다.

"아, 그, 그러면 내일부터 줄넘기할까?"

"배드민턴 하자. 그건 꼭 둘이서 해야 하니까."

"어?"

'둘이서.'

나도 모르게 고개를 끄덕였다.

"너, 빠지면 안 돼!"

준수가 내 눈에 눈높이를 맞추며 말했다. 나야, 당연하다고 너스레를 떠는데, 심장이 자꾸만 빨리 뛰었다.

'그래. 내일부터, 해 보는 거야. 방학이 일주일 남았지만.'

나는 활짝 웃었다.

…… 여름이었다.

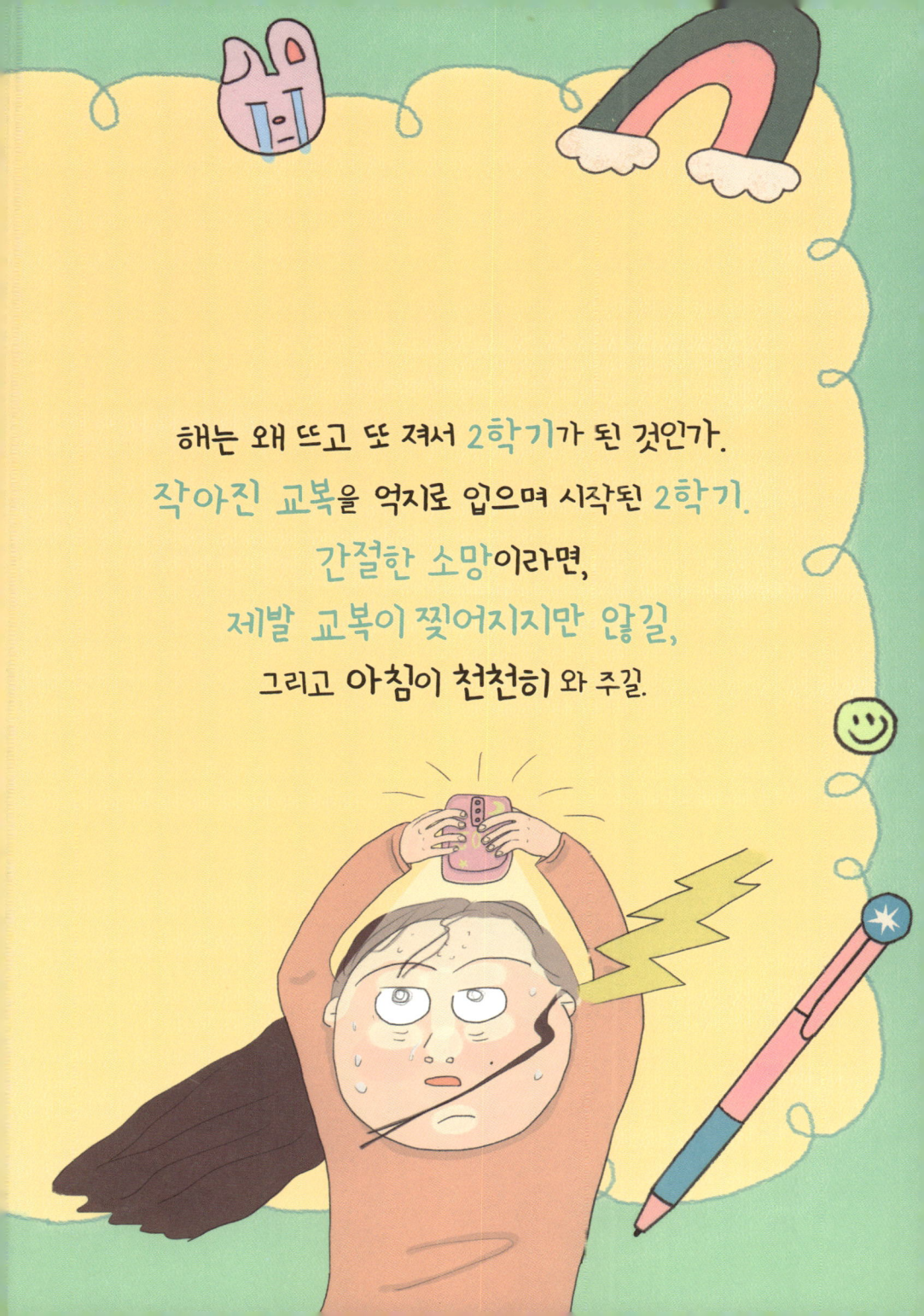

긴급 속보! 아빠가 학교에 온다!

"아빠 이따가 학교 간다."
"응? 학교? 무슨 학교?"
나는 고개를 갸웃거렸다.
"무슨 학교긴, 너희 학교지. 학부모 상담 있어."
"아니, 왜!"
말도 안 돼. 엄마가 오는 게 아니라 아빠가 온다고? 게다가 우리 담임 선생님과 상담하러?
"아니, 아빠가 왜 오냐고."
"학부모 상담이잖아. 우리 딸, 잊었나 본데 아빠도 부모란다! 부모, 아비 부."
그걸 모르는 게 아니다. 만나서는 안 되는 사이가 바로 우리 담임 선생님과 아빠다. 아빠는 쓸데없는 말을 얼마나 많이 하는지 모른다. 내가 집에서 선생님 욕한 것도 필터링 못 하고 술술 불어 댈지도 모른다.

'하아!'

빛나는 반짝반짝 빛이 나는 눈동자로 나를 바라보았다.

"너희 아빠가 오신다고?"

"응. 최악이지."

"대박. 진짜 대박이다."

"그치. 아빠를 학교에 못 오게 하는 방법 없을까?"

"글쎄, 근데 아빠 사랑 듬뿍 받는구나, 너."

"응. 갱년기 와서 심해졌지 뭐야."

"아이고. 이를 어쩌나."

빛나는 영혼 없이 리액션을 해 주었다.

수업이 끝났다. 아빠가 상담하러 올 시간이 다가왔다. 입술이 바짝바짝 말랐다.

'이상한 말 하면 안 되는데.'

아빠와 교문에서 하이 파이브를 하고 싶지는 않았다. 꼬불꼬불 돌아서 상담 오는 아빠를 피하는 것, 그것이 나의 작전이다. 이름하여, 거리 두기! 마주치지 않기!

하지만 아빠는 집에서와 다르게 너무나도 부지런했다. 종례를 하고 있을 때, 이미 교실 창문에 얼굴을 빼꼼 내밀고 있었다.

'못살아, 정말.'

내가 교실에서 나오는데, 아빠가 나를 불렀다.

"루나! 루나!"

"어, 어."

"루나! 기다릴래? 아빠랑 같이 집에 가자."

"아, 싫은데."

"마라탕 사 줄게. 오랜만에 데이트하자."

언제 나왔는지 옆에서 빛나가 빛나는 눈으로 나와 아빠를 번갈아 보았다.

"안녕하세요, 저 루나 절친 빛나예요. 실례가 안 된다면, 저도 그 자리에 껴도 될까요? 아, 물론 마라탕 때문은 아니고요. 조금 더 놀고 싶어서요."

아빠가 호탕하게 웃었다.

"당연히 되지! 그러면 운동장에서 좀 놀고 있어! 아빠가 갈게!"

나와 빛나는 운동장 벤치에 앉아 있었다.

"나, 잘했지?"

"뭘?"

"더 놀 수 있잖아. 킥킥."

"왕빛나, 너는……."

"나는 뭐?"

"잘 했다. 잘 했어. 마라탕 먹고 신나게 놀아 보자."

"유후! 내가 노는 데는 절대 빠지질 않죠!"

나는 깔깔대고 웃다가 이내 시무룩해졌다.

"왜 그래?"

빛나는 나를 바라보며 물었다.

"이상한 생각이 들어서."

"뭔 생각?"

"혹시 아빠랑 샘이랑 알고 보니까 막 원수거나 그런 건 아닐까, 뭐 그런 잡생각."

그러면서 나는 시나리오를 한 편 떠올렸다.

"어린이날이었어. 공주 피크닉 놀이가 솔드 아웃 되기 직전인 거야. 그걸 두고 아빠랑 샘이 다툰 거지. 그리고 10년이 흘러서 둘은 샘과 학부모로 만났어."

"푸하하! 너 진짜 망상 쩐다."

"그만큼 둘이 만나는 게 싫었다는 거야. 샘이 나에 대해 뭐라고 할지, 아빠가 안 해도 될 말 하지 않을지. 암담해."

내가 한숨을 훅 내쉬었다. 그때 저만치에서 우리 담임 선생님과 아빠가 보였다.

"뭐야? 샘은 왜 나오심?"

"몰라?"

담임 선생님이 고개를 숙이며 아빠를 배웅했다. 아빠는 또 어떻고. 아빠도 맞절하듯이 고개를 숙였다.

"네 망상이 맞았나 보다. 샘이랑 너희 아빠랑 절친된 거 아니냐?"

"설마!"

아빠가 우리 쪽으로 뚜벅뚜벅 걸어왔다.

"루나! 가자!"

나와 빛나는 아빠 곁에 가서 섰다.

"샘이 뭐라고 해요?"

아빠는 히죽댔다.

"별 이야기 없던데?"

"샘이 나 모르는 거 아냐?"

나는 아빠를 바라보았다.

"푸하하. 아빠를 보자마자 아이고, 루나 아버님 오셨군요, 하시는 걸 봐선 아시는 거 같은데?"

나는 피식 웃었다.

"루나는 학교생활 잘한다고 하시길래 지도와 편달이 이야기도 했지."

옆에서 빛나가 고개를 갸웃거렸다.

"편달이가 누구지?"

"있다, 그런 거. 엉아들만 아는 단어가."

나는 빛나의 어깨에 팔을 두르고 앞으로 마구 걸어갔다.

빛이 나는 솔로

1학년 4반 윤지희 ♡ 박하진

오늘부터 1일.

토요일 저녁, 대전에 이런 글이 올라왔다.
'뭐냐, 윤지희?'
가만히 있을 수가 없다. 톡을 보냈다.

뭐냐? 너희 반 박하진이랑 친한 건 알겠는데, 오늘부터 1일 뭔데?

쏠탈했다! 우리 사귀기로 했어. 나, 이제 너랑 같은 커플 부대다!

'뭐?'

나는 자리에서 벌떡 일어났다. 얼마 전까지만 해도 멜로 눈빛으로 박가람 오빠를 바라보던 아이였다. 그런데 이게 무슨 일이란 말인가. 진짜 배신감이 들었다.

'이 재미있는 일을 먼저 말해 주지 않다니!'

그러면서 괜히 내가 설렜다. 학기 초부터 이렇게 큰 재밋거리가 생기다니. 지희 덕분에 학교 가는 게 무척이나 재밌어질 거 같았다.

월요일부터 지희는 달라졌다. 페북에 '연애 중'을 띄우질 않나, 톡에는 커플 프로필을 해 두질 않나, 디데이로 며칠째 연애 중인지를 알리기까지 했다. 진정한 '공개 연애'라고나 할까?

'엄마가 아시면 어쩌려고.'

한편으로는 그 걱정도 되었다. 그렇지만 지희는 철두철미했다. 엄마를 멀티 프로필로 저장해 둔 것이다. 게다가 인스타는 계정이 두 개고, 비공개란다.

'언제 이렇게 컸대? 꽤 눈치가 빨라졌단 말이야.'

대전이 뜨고 처음 맞는 월요일이 되었다. 나는 지희와 학교에 같이 가려고 만났다.

"짜잔!"

지희가 내 눈을 뒤에서 가렸다.

"아, 다짜고짜 왜 이래?"

"너무 놀라지 마."

"알았어."

지희가 손을 뗐다. 그리고 얼굴을 들이밀었다.

"엥? 네 눈 왜 그래?"

지희의 눈 위, 아이라인이 길고 또 길었다. 시커먼 눈가가 마치 판다 같았다.

"어때? 눈 커 보여? 한결 또렷해 보이지?"

"예끼! 어디서 배웠어!"

"유튜브."

아무래도 '중2병'인 것 같다. 거울을 봤다면, 지금 눈이 어떤 상태인지 모를 리가 없다. 그런데 저 눈으로 학교에 간다는 것이다. 그리고 난 정말 그때까지는 몰랐다. 지희의 연애가 흥망

성쇠, 기승전결이 재빨리 지나가는 '4단계 연애'로 진행될 줄은.

학교에 도착하고, 1교시가 시작하기 전이었다. 복도에서 지희를 만났다. 아니, 보았다. 그 옆에는 여지없이 박하진이 있었다. 둘이 꽁냥꽁냥 대고, 머리를 쓰다듬는 게 누가 봐도 사귀는 사이였다. 그런데 지희의 아이라인이 온데간데없었다.

"너, 아라 어디 갔어?"

"아, 그거."

지희가 피식 웃었다.

"박하가 별로래."

"박하?"

갑자기 박하진이 지희 옆으로 다가왔다.

"아, 루나, 나는 갈게."

지희가 자기 반으로 들어갔다. 나도 못 볼 걸 본 듯이 눈을 찌푸리며 교실로 돌아왔다.

'미친다, 진짜. 박하는 무슨.'

그러면서도 살짝 부럽기는 했다.

'좋겠다, 아주.'

1교시 쉬는 시간, 복도에서 또다시 지희를 보았다. 옆에는 당연히 박하진도 함께였다.

"완전히 한 쌍의 바퀴벌레다."

옆에서 빛나가 읊조렸다.

"응. 완벽히 그래."

"너도 그랬니? 남친이랑 처음에?"

"어우, 난 저러진 않았다."

하긴, 나는 썸 탈 때도 저렇게 꽁냥꽁냥 한 적이 없었던 것 같다.

이런 말이 절로 나왔다.

"참 좋을 때다."

그 말에 빛나가 한숨을 훅 내쉬었다.

"너 좀 있어 보인다."

3, 4교시 쉬는 시간에도 지희를 보았다. 옆에는 예외 없이 박하진도 함께였다. 그런데 뭔가 이상한 기운이 감지되었다. 지희가 우리 쪽으로 왔지만, 박하진은 같이 오지 않았다.

"네가 제정신이 돌아왔구나?"

내가 지희의 머리를 쓰다듬었다.

"뭐가?"

쉬는 시간이 끝나는 종이 울렸지만, 지희는 내가 먼저 들어갈 때까지 가지 않았다. 박하진은 먼저 들어갔는데도 말이다.

'왜 저래?'

#4단계: 이별

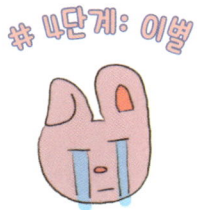

점심을 먹고 나서는 지희 혼자였다.

"뭐냐? 지금은 왜 혼자냐?"

내가 지희의 옆구리를 쿡 찔렀다.

"우리, 끝났어."

"엥? 뭐가 끝나?"

"이제 우리라고 하지 마."

"뭐? 사귄 지 3일 됐는데, 왜?"

"3분으로도 끝날 수 있는 게 사랑이야."

"야, 3분 카레냐? 3분으로 끝내게."

삼분이든 삼일이든 그렇게 쉽게 끝나는 게 사랑이냐는 말이다. 어처구니가 없었다. '박하, 박하' 하며 그렇게 좋아할 땐 언제고. 도대체 왜 헤어졌는지 이유도 없다. 그냥이란다.

"루나, 이제 난 빛이 나는 솔로다."

"야, 진짜 빛나는 건 따로 있거든."

나는 내 옆에 있는 왕빛나를 가리켰다. 오늘따라 빛나가 더 빛났다.

"그런 말 하지 마. 나는 진짜 연애하고 싶단 말이야."
"연애?"
나는 빛나를 바라보았다.
"응. 아무나 사귀어 볼 거야. 난 아무 경험이 없잖아!"
빛나가 눈을 게슴츠레 떴다.
"야, 남친 사귀는 게 무슨 유행도 아니고. 아무나 사귄다니, 무슨 말이야?"
나는 어처구니없다는 듯 빛나를 바라보았다.
"이제 일, 아니 점심시간만이라도 사귀어 본다, 내가!"
빛나는 자기 옆줄에 앉는 남자아이에게 뚜벅뚜벅 걸어갔다.
'왜 저래?'
나는 그 모습을 물끄러미 바라보았다. 둘이 몇 마디를 나누는 모습이 꽤 진지해 보였다. 잠시 뒤, 빛나는 고개를 절레절레 흔들더니 쿨하게 걸어왔다.
"뭐라고 했어?"
"사귀자고 했어."
"진짜? 그래서 사귀는 거야?"
"아니. 여친 있대."
"뭐?"
반전의 반전의 반전 드라마.

"없을 줄 알았는데. 고백 1차임이다."

빛나는 한숨을 훅 내쉬었다.

"아니, 쟤를 좋아하지도 않았잖아. 그게 무슨 고백이고 차인 거야?"

"이게 고백이고, 차인 게 아니면 뭐가 고백이고 차인 건데?"

할 말이 없다.

"이제 나는 고백한 경험도 있고, 차인 경험도 있어."

이해가 안 간다. 도대체 왜 그런 경험을 만들어 내는 건지. 빛나는 묻지도 않은 말에 답을 알려 주었다.

"다른 아이들도 고백하고 사귀고 그러니까, 해 보고 싶었어. 그게 어떤 감정인지 알고 싶었어."

"뭐라고?"

"말 그대로야."

나는 이해가 안 갔다. 좋아해야 고백을 하는 거잖아. 그리고 진짜 좋아하는 사람에게 고백했다 차임을 당해야 마음이 아픈 거잖아. 그래야 감정이 생기는 거잖아.

그때, 지희가 나에게 다가왔다.

"나랑 박하진이랑 절대 엮지 말아 줘."

"어?"

"박하진 여친 생겼어."

어처구니가 없다. 이렇게 바로?

"루나, 빛나, 너희들 만남은 쉽고, 이별은 어렵다는 노랫말 알지?"

지희가 말했다.

"알지."

말은 그렇게 했는데, 난 잘 모르겠다. 이별이 왜 어려운 것인지.

나는 빛나를 보며 물었다.

"이별이 어렵다는 게, 넌 무슨 뜻인지 알아?"

"잘 모르겠는데? 근데 만남이 쉽다는 건 도대체 무슨 뜻이야? 난 무지 어려운 거 같은데?"

나는 빛나의 머리를 쓰다듬어 주었다.

"아직 멀었다, 우리 빛나."

빛나가 빛났다. 역시 빛이 나는 솔로였다. 나도 이별이 어렵다는 그 말은 어렴풋이 짐작할 뿐이었다.

진로는 어려워

"뭐? 3학년 언니 오빠들 벌써 고등학교 준비한다고?"

중학교 생활을 한 지 1년이 안 되었다. 언니, 오빠들은 3학년이니 다음 단계인 고등학교를 생각하는 건 당연하다. 그렇지만 그 말을 듣는데, 갑자기 궁서체로 그려지더니 진지해진다. 왠지 '다음엔 너야'라는 말을 들은 기분이랄까?

"루나, 안녕."

지나가다가 소민 언니를 만났다. 만난 김에 지효 언니에 대해 물었다.

"언니, 지효 언니는 어느 고등학교 가요?"

"우리 언니는 시험 봐서 들어가는 학교 간단다. 국제고."

"국제고요?"

"그래. 국제고. 국제 고등학교 가신단다."

"아! 그렇구나."

소민 언니에게 이 기분을 얘기했더니, 자기는 '다음엔 너야'가 아니라 바로 코앞에 닥친 것만 같단다.

"우리 댄스부 부장 언니 알지? 그 언니는 예고 시험 볼 거래."

"예고요?"

"그래. 예술 고등학교. 무용으로 시험 볼 거래."

"와!"

나는 입이 떡 벌어졌다. 아이돌이 많이 다닌다는 예고에 시험을 볼 거라니, 그러잖아도 멋지다고 생각했는데, 존경의 마음이 더 생겼다.

"다들 뭔가를 잘하네요. 공부든, 춤이든, 뭐든."

그 뒤로도 3학년 선배들의 진학 소식이 계속 들려왔다. 언니 오빠들 대부분은 근처에 있는 일반 고등학교에 지원할 거라고 했다. 기타를 잘 친다던 박가람 오빠는 미디어 고등학교에 간다고 했다. 댄스부 부회장 언니는 네일 아트에 관심이 많아서 미용 고등학교에 갈 거라고 하고, 요리사를 꿈꾸며 조리 고등학교에 간다는 오빠도 있었다. 그림을 잘 그리는 댄스부 언니가 애니 고등학교에 지원한다는 소식도 들었다. 빛나가 아는 오빠는 체육 고등학교에 간다고 했다.

"어떻게 자기 재능을 알게 된 거지?"

나는 빛나를 바라보며 물었다.

"글쎄 말이야. 난 아무리 생각해도 잘하는 게 하나도 없어."

빛나는 한숨을 혹 내쉬었다. 그러면서 덧붙였다.

"난 그냥 가까운 학교에 가겠지. 거기에서 남들처럼 공부하거나 못 하거나 하겠지. 그러다가 대학에 가겠지. 어느 학교에 갈지는 몰라도."

한숨이 나왔다. 지난 한 학기 내내 들은 말이 진로 탐색인데, 나는 아직 진로 탐색을 시작하지도 못했다.

"아무리 생각해도, 난 잘 모르겠어. 1년 동안 자유 학년제를 하는데도. 나는 도대체 어디에 관심이 있는 거야?"

"지금 당장 정하라는 건 무모한 거 같아. 내가 어떻게 알아! 우리 엄마 아빠도 자기 진로를 중 1에 정하진 않았을 텐데 말이야. 아마 할머니가 하라는 대로 했을걸?"

빛나의 말에, 나는 일부분만 동의했다. 지금 당장 정하는 건 무모하다. 하지만 우리 엄마와 아빠는 자기가 하고 싶은 일을 선택했다고 했다. 도대체 어떻게 그걸 알았을까?

그날 밤, 나는 엄마에게 물었다.

"엄마, 엄마는 어떻게 직업을 결정했어? 방송 작가였잖아."

"아, 엄마가 엄마의 할머니랑 같은 방을 쓴 거 알고 있지?"

그건 이미 예전부터 들어서 알고 있었다.

"할머니는 늘 텔레비전을 보셨어. 할머니는 왜 그러실까, 궁금했었지. 그러다가 할머니가 텔레비전을 통해서 세상을 본다는 걸 알게 되었지. 그래서 세상의 재미있는 일들을 보여 주는 방송 작가가 되고 싶었던 거야."

"그러면 엄마가 방송 작가가 된 건 할머니 영향이 큰 거네?"

엄마는 고개를 끄덕였다.

"루나야, 아빠는 카메라를 가지고 노는 게 좋았다잖아. 카메라를 통해 세상을 보여 줄 수 있어서. 그런 생각이 엄마랑 비슷하지 않아?"

"천생연분이란 건가?"

엄마가 호탕하게 웃었다. 손사래까지 치면서.

어쨌든, 주위의 한마디가 가슴을 울리고, 그것으로 꿈을 결정하게 되었다는 것, 그리고 배우자를 선택할 때도 가치관이 닮은 사람에게 호감을 느꼈다는 건 분명했다. 그러면 나는? 나는 어떤 것에 관심이 있을까?

그걸 지금 결정하는 것은 성급하다는 생각이 들었다. 하지만 마음을 활짝 열고 경험해 볼 것이다. 느껴 볼 것이다. 가슴을 울리는 순간! 언제 올지 모를 그 찰나의 순간을 기다릴 거다.

고등학교 진학과 진로

루나: 고등학교는 어떻게 나눠져?

중생봇: 크게 일반 고등학교와 실업계 고등학교, 특수 목적 고등학교, 특성화 고등학교 등으로 분류해. 그리고 선발하는 시기에 따라서 전기고, 후기고로 나누어져.

루나: 전기고랑 후기고?

중생봇: 자, 아래 표를 참고해! 이해하기 쉬울 거야.

분류	전기고	후기고
종류	• 영재 학교 • 과학 고등학교 • 예술 고등학교 • 체육 고등학교 • 특성화 고등학교 • 마이스터 고등학교	• 국제 고등학교 • 자율형 사립 고등학교 • 자율형 공립 학교 • 외국어 고등학교 • 일반 고등학교
주의점	• 한 개 학교만 지원 가능. • 전기고 합격 후, 타 학교 지원 불가능. • 불합격 시, 후기고 지원 가능	• 먼저 지원한 후기고 합격 시, 다른 학교 지원 불가능.
모집 시기	10월~12월 접수	12월~1월 접수

루나: 특성화 고등학교나 마이스터 고등학교는 어떤 곳이야?

중생봇: 특성화 고등학교는 특정 분야의 인재 양성을 목적으로 하는 교육 또는 자연 현장 실습 등 체험 위주의 교육을 전문적으로 실시하는 학교를 말해. 공업·농업·상업 계열, 만화·애니메이션이라든가, 요리, 관광, 통역, IT, 원예, 마케팅 등 다양한 분야에 소질을 키우고 직업인을 양성하는 것이 목적이야. 마이스터 고등학교는 산업계의 수요에 맞춘 교육 과정을 운영하는 학교야. 한마디로 전문적 직업 교육을 실시하지. 취업 후 3년이 지나야 대학 진학을 할 수 있단다. 두 곳 모두 별도의 선발 과정이 있으니 학교 홈페이지에서 작년 모집 요강을 살펴보는 것이 좋을 거야.

루나: 일반 고등학교는 어떤 곳이야?

중생봇: 일반 고등학교는 우리가 '고등학생' 하면 떠올리는 학교야. 대학에 진학하기 위해 필요한 과목을 중심으로 배우는 곳이야.

루나: 일반 고등학교는 어떻게 지원해? 가고 싶은 학교에 갈 수 있어?

중생봇: 평준화 지역이냐 비평준화 지역이냐에 따라 달라. 평준화 지역은 특별한 시험 없이 추첨을 통해 학교를 배정받아. 비평준화 지역은 내신 성적으로 평가하여 선발하지. 평준화 지역에서는 학군에 있는 고등학교 중 배정받기 희망하는 학교를 순서대로 적어서 제출해. 이 또한 모집 요강이 지역마다 다르니, 내가 사는 지역의 관할 교육청 홈페이지를 참고하면 좋겠지?

코노, 인형 뽑기, 그리고 인생 네 컷

빛나가 용돈을 받았다고 했다. 물론, 나도 용돈이 조금 남아 있긴 했다.

"학원 째고, '코노' 가자."

"코노?"

귀가 트였다. 소리를 꽥 지를 뻔했다. 코노는 요즘 내가 가장 애정하는 공간인 '코인 노래방'을 줄인 말이다.

"가자! 가자!"

천 원에 세 곡. 키오스크로 빈방 번호와 곡 수를 누르고 계산했다. 그리고 신나게 노래를 불러 댔다. 나의 레퍼토리는 다양하다. 최신곡은 물론이고, 엄마 아빠 또래가 불렀을 법한 노래까지도. 빛나는 혀를 내둘렀다.

"너 뭐냐? 가수 될 거야?"

"아냐. 무슨 가수야."

"그럼 오디션 나갈 거야? 왜 그렇게 노래를 많이 알아? 진로 고민하더니 가수가 딱이네. 댄스부가 아니라 밴드부 했어야 하는 거 아냐?"

"많이 안다고 가수 되니? 그냥 취미라고. 스트레스 푸는."

"와, 나는 네가 이렇게 노래 부르는 걸 좋아하는 줄 몰랐다."

노래를 부르다가 목이 쉬었다. 정말 가수도 아닌데 이렇게까지 해야 했을까.

"나, 저거 해 보고 싶어."

빛나가 손가락으로 뭔가를 가리켰다.

"뭐? 인형 뽑기?"

빛나가 고개를 연신 끄덕였다.

"루나야 나, 로망이 있어."

"무슨 로망?"

"남친이 인형을 뽑아서 선물해 주는 거. 드라마에 가끔 나오던데."

나는 고개를 절레절레 흔들었다.

"야, 그런 로망을 왜 갖니. 네가 뽑아 주는 사람이 되는 로망을 가져 봐."

내 말을 들은 빛나는 내 손을 붙들었다.

"그 로망, 너는 이루길 바라."

나는 입술을 꽉 깨물었다.

"좋아, 남친은 아니지만 네 로망 들어준다, 내가."

왠지 만만해 보였다. 그리고 저 앞에 우두커니 놓인 곰 인형은 꽤 맘에 들었다. 돈을 넣고, 기계를 조종했다.

첫 번째 도전, 실패.

"아, 아깝다!"

빛나가 옆에서 추임새를 넣었다.

"그치? 한 번만 더 해 본다, 내가."

돈을 넣고, 다시 기계를 조종했다.

두 번째 도전, 또다시 실패.

"아, 아슬아슬해."

"맞지? 아, 진짜 마지막에 놓쳤어."

그 아슬아슬함은 돈 잡아먹는 귀신이었다. 나도 모르게 또다시 돈을 넣고 말았다.

세 번째 도전. 또다시 실패.

"루나, 이제 그만해."

빛나는 내가 걱정되는지 지갑을 확 빼앗았다.

"아냐. 끝까지 해내고야 만다, 내가! 저 녀석을 꼭 네 손에 들려 보낼 거다, 내가!"

마치 인형 뽑기 중독자가 된 듯했다. 손 내밀면 닿을 것 같은 인형. 인형에 대한 엄청난 갈망.

빛나는 나를 말리지 못했다. 말리려고 했지만, 나의 눈빛이 너무 독하게 변해 도저히 말릴 수가 없을 것 같았다나. 빛나는 고개를 끄덕이면서 지갑을 내어 주었다.

"아니야! 다시! 다시!"

그렇게 열 번의 도전 끝에 겨우, 인형을 구했다.

"자!"

나는 빛나에게 인형을 건넸다. 빛나가 우는 듯 웃었다.

"야, 왜 그렇게 웃어?"

"아니. 이 인형 말이야. 만 원이면 살 수 있지 않을까?"

아! 뜨끔했다. 등골이 오싹했다. 공포 영화를 볼 때보다 더했다.

"맞아. 어쩌면 인형이 더 쌀지도 몰라. 한 오천 원?"

빛나가 내 눈치를 살피며 입술을 깨물었다.

"오천 원은 인형값이라 치고, 나머지 오천 원은 즐거움과 추억과, 나의 로망을 들어준 값으로 치면, 괜찮지 않나?"

나는 주머니가 탈탈 털렸지만 뭔가 있어 보이려고 그런 말을 꺼냈다. 내 말에 나도 도취되려는 찰나, 이번에는 빛나가 내 손을 잡아끌었다.

"가자. 루나!"

"어? 또 어디?"

"사진 찍으러."

"사진? 좋지!"

우리는 네 컷짜리 사진을 찍으러 갔다. 색깔만 다른 똑같은 가발을 눌러 쓰고, 선글라스도 썼다. 빛나는 내가 뽑아 준 인형을 머리 위에 얹기도 했다.

"아, 너 웃겨! 진짜 표정 뭔데!"

서로의 얼굴을 보면서 '디스'했지만, 웃음이 끊이지 않았다. 많이 웃어서 그런지, 집에 돌아오니 입가가 얼얼했다. 지갑은 텅텅 비었고, 내 손에는 빛나와 함께 찍은 네 컷짜리 사진 한 장 뿐이었지만 마음에는 뿌듯함, 추억, 그리고 빛나와 한 걸음 더 친해진 느낌으로 가득했다. 그런 것은 돈으로 환산할 수 없다.

누가 부회장이 될 상인가!

어느새 롱 패딩의 계절이 왔다. 몇 주가 지나면 방학이 시작되고, 1학년도 끝난다.

"루나, 나 사인 좀 해 줄 수 있어?"

지수가 오랜만에 밝은 얼굴로 우리 교실에 찾아왔다.

"어? 사인? 받아 적어 봐."

나는 공중에 내 이름을 휘갈겨 썼다.

"아니. 그거 말고."

지수가 종이를 내밀었다. 전교 임원 후보자 등록을 한다는 내용이었다. 내가 지수를 후보자로 추천하는 스무 명 중 한 사람에 포함되어 있었다.

"뭐야, 마지수, 전교 부회장 나가?"

지수가 살짝 웃었다.

"그러면 당연히 해 줘야지."

나는 지수가 내민 종이에 반과 이름을 적고 사인을 덧붙였다. 그러잖아도 아이들의 관심을 한몸에 받는 지수였다. 가끔 2학년 언니나 오빠가 찾아오기도 했다. 그렇다고 해서 잘난 척하거나 으스대지도 않고, 리더십도 있다. 전교 부회장이라는 말이 지수에게 찰떡처럼 딱 붙었다.

"선거인단이 필요하대. 도와줄 수 있을까?"

"두말하면 잔소리지! 지희랑 준수도 해 줄 거야!"

내가 큰소리를 쳤다. 쳤는데, 쳤는데, 쳤는데…… 바로 뒤이어 지희가 달려오는 게 아닌가.

"뭐냐, 지희?"

지희가 들고 있는 건 지수가 내밀었던 그 종이였다.

"야! 너 어쩜 감쪽같이 말도 안 하고!"

"아, 한발 늦었네."

지희는 지수가 들고 있는 종이를 보며 입을 삐죽 내밀었다.

"할 수 없지. 루나 너, 뽑는 건 나 뽑아 줘~ 알았지?"

"헉. 뭔 소리야. 나 추천했는데 어떻게 널 뽑냐?"

지수가 툴툴대는 사이, 이번에는 준수가 우리 반으로 왔다. 역시나, 바로 그 종이를 손에 들고!

"루나, 나 사인 좀 해 줄래?"

"하아. 얘들아, 좀 나눠서 나와. 넌 2학년 부회장으로 나오고, 넌 3학년 회장으로 나오든가 좀 그러라고. 난 표가 딱 하나 잖아!"

나는 답답해서 그렇게 말했다.

"아니지. 내가 나가야 하는 거 아냐? 이렇게 나를 다 찾아오는 거 보면 한 표, 한 표가 소중한데, 나한테 세 표나 올 테니 말이야."

내가 피식 웃으며 물었다. 지수도, 지희도, 준수도 모두 웃었다.

"암튼 나는 이미 지수에게 사인했으니 어쩔 수가 없다. 너희가 진짜 멋진 공약을 세운다면 내 마음이 움직일지도!"

며칠 후부터 복도에는 나의 친구들 사진이 담긴 포스터가 붙었다. 전교 부회장 후보는 열두 명이었다. 도대체 이러면 몇 표를 얻어야 한다는 건지.

"야, 어떻게 된 게 네 친구들이 10번, 11번, 12번이니?"

빛나는 나를 보며 물었다.

"그러게 말이다."

우리는 서로 들고 있는 피켓을 보여 주었다. 빛나는 10번, 윤지희의 피켓이고 나는 11번 마지수의 피켓이다. 그런데 갑자기 빛나가 내게 귓속말을 했다.

"이건 비밀인데, 나 지희 안 찍는다."

"뭐?"

나는 황당해하며 빛나를 바라보았다.

"5번 후보. 걔 공약이 진짜 죽이지 않니?"

나는 빛나가 내 손을 이끌고 가 보여 준 포스터를 살폈다.

"뭐야? 공약이 지희랑 똑같잖아."

그 공약은 점심시간 방송에서 고민 라디오를 진행한다는 것이었다.

"똑같긴 한데, 어쩐지 얘가 조금 더 신뢰감을 주는 스타일 아니야?"

"네네, 그냥 잘생겼다고 말해. 너는! 진짜!"

빛나가 피식 웃었다. 나는 포스터를 휘휘 둘러보며 아이들의 얼굴을 보았다. 하나같이 덧지게 찍은 사진을 붙이고, 갖가지 공약을 적어 두었다.

"흐음, 어디 보자. 누가 부회장이 될 상인가!"

"뭐야? 루나,

너 관상 보냐?"

"그래, 너처럼 얼굴 보는 게 아니다."

내가 빛나를 쿡 찔렀다. 빛나는 다 들켰다는 듯이 나를 보며 킬킬댔다.

"내기하자. 지희가 되든, 지수가 되든, 준수가 되든, 맛있는 거 먹기로!"

"그게 어떻게 내기야? 지수가 되면 네가 쏘고, 지희가 되면 내가 쏘자."

빛나는 얼른 내기를 수정했다.

"콜!"

우리는 계속 선거 운동을 하며 돌아다녔다. 집 근처에서 국회 의원이나 대통령을 뽑는 선거를 할 때 만난 선거 도우미처럼 노래도 하고 구호도 외쳤다.

마침내 투표 날이 되었고, 비밀스레 나의 한 표를 던졌다.

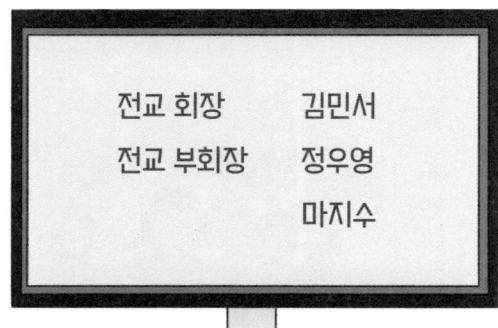

그리고 그 결과가 홈페이지에 올라왔다.
"꺄아아아악! 나이스!"
이겼다는 즐거움도 잠시! 내기가 떠올랐다. 내가 쏴야 했다. 뭐냐, 지금. 된 사람은 지수인데, 왜 내가! 내가! 그 순간, 깨달았다. 함부로 '내기'를 걸지 말지어다!

전교 임원 선거 및 학생회

루나: 중학교에서 리더십을 키울 수 있는 활동은 뭐가 있어?

중생봇: 대표적인 건 **학급 임원 활동**과 **학생회 활동**이지.

루나: 학급 임원은 회장이나 부회장?

중생봇: 맞아. 임원은 학기 초에 학급 내 선거를 통해 뽑지. 전교 회장, 부회장은 주로 학년말, 그러니까 다음 학년에 진급하는 시기에 뽑곤 해. 학생회 활동은 전교 회장과 부회장을 중심으로 이루어져.

루나: 학생회 활동이 도대체 뭔데?

중생봇: 중학교 학생회는 **학교 행사를 전체적으로** 맡아. 예를 들면, 체육 대회나 축제, 그리고 학생들을 위한 다양한 행사를 계획하고 진행해. 체육 대회 때 도구를 챙기거나, 이벤트 기획, 선물 마련, 공연도 담당하고.

루나: 앗, 학생회도 뭔가 좀 재미있긴 하겠네. 나, 지원해 볼까?

중생봇: 학생회는 보통 2학년과 3학년 초에 지원서를 제출해. 지원서만 제출한다고 모두 합격하는 건 아니야. 면접을 통과해야 해. 열심히 하겠다는 마음을 적극적으로 보여 주면 좋겠지?

모두의 축제, 나의 흑역사

어릴 때 부르던 노래가 있다.

'노는 게 제일 좋아. 친구들 모여라.'

이 부분만 들어도 다 알 거다. 뽀로로 주제가라는걸. 그런데 이건 뽀로로만의 주제가가 아니다. 내 주제가이기도 하다. 그만큼 노는 걸 좋아하는 내 앞에 축제가 다가왔다.

축제, 페스티벌. 어떤 대상이나 분야를 주제로 하여 벌이는 대대적인 행사라는 뜻이다. 한마디로 서로의 끼와 재능을 뽐내는 장이란 말이다. 나에게는 수업을 하지 않기에 더 큰 의의가 있는 행사라 하겠다.

동아리마다 축제 준비에 한창이었다. 어떤 부서는 전시를 하고, 어떤 부서는 공연을 한다. 그리고 오디션을 통과한 아이들이 무대에서 특기를 뽐내는 장기 자랑 순서도 있다.

축제의 꽃은 장기 자랑과 댄스부 공연이다. 축제 사회는 전교 회장인 지효 언니와 부회장인 가람 오빠가 본다고 했다. 지효 언니는 진짜 사기 캐릭터다. 공부에, 리더십에, 말도 잘해서 사회까지 도맡다니 말이다. 아마 내가 동생이라도 언니를 미워했을 것 같다. 다행히 소민 언니도 댄스부에서는 에이스다.

"자, 1학년들 동선 다시 맞춰 보자."

축제 전 마지막 연습에서 소민 언니가 카리스마를 뽐냈다. 얼마 전에 성적표를 숨기려고 처절하게 행동하던 그 언니가 맞나 싶다.

선생님들의 밴드 공연을 시작으로, 장기 자랑이 시작되었다. 아이들이 저마다 끼를 뽐냈다. 저런 아이들이 학교에 있었나 싶을 정도였다. 사실, 댄스부인 나보다 춤을 더 잘 추는 아이도 있어서 주눅이 들었다. 강준수는 랩을 준비했는데, 음. 그 실력으로 오디션을 통과한 것이 용했다.

'랩이 너무 정직해.'

그렇지만 무대에 서니 강준수가 꽤 멋져 보였다. 내 눈에 콩깍지는 몇 년째 이 지경이다. 그러니 뜨뜻미지근해도 안 깨지고 '장수 커플' 소리를 듣는 게 아닐까. 게다가 강준수가 여러모로 꽤 괜찮다는 평을 들으니, 나도 뭐 커플 소리 듣는 게 싫지는 않다.

밴드부 박가람 오빠의 기타 연주는 끝내줬다.

"와, 진짜 내 짝사랑 대박."

지희가 무대 뒤에서 공연을 보다가 입을 쩍 벌렸다. 나는 턱이 떨어질까 봐 걱정되어서 손으로 벌어진 입을 닫아 주었다.

"와, 턱 빠질 뻔했네."

지희가 나에게 정중하게 인사했다.

"마지막 순서가 너희지?"

"어?"

그 말을 듣자마자, 방광에서 신호를 보냈다.

"아, 나 화장실 좀 다녀올게."

마지막 순서가 댄스부다. 초조했다. 심장이 너무 나댔다. 게다가 크롭 티셔츠 차림이라 그런지 배도 살살 아파 왔다.

"아, 미치겠네. 아, 미쳐."

나는 화장실 칸에 앉아서 다리를 부들부들 떨며 혼잣말을 했다. 배는 아픈데 신호는 없고……. 그렇다고 마냥 앉아 있을 수는 없었다. 이제 곧 무대에 올라갈 시간이다. 어째 연습을 해도, 해도, 해도. 도대체 실력이 나아지지 않았다. '왕관을 쓰려는 자, 그 무게를 견뎌라'라는 말이 있다던데. 휴. 나는 왕관의 무게를 견딜 수 없는 개복치의 멘탈인 걸까?

"아아아아악! 나와라!"

대장과 대화하는 기분을 아는가. 지금, 내 상태가 그랬다. 차라리 시원하게 응가라도 누면 뭔가 가벼워질 것 같은데 말이다.

그때였다. 옆 칸에서 나지막한 목소리가 들렸다.

"루나니?"

그 목소리는 분명히.

"언니? 소민 언니?"

나는 문을 열고 나가 보았다. 소민 언니가 맞았다.

"와, 나 다리 떨리고 미치겠어."

"어? 언니 춤 잘 추는데 왜요?"

"아, 몰라. 그렇게 떨리더라. 무대 올라가면 괜찮은데, 하기 전에 미치겠어."

나와 언니는 끌어안았다. 그리고 서로를 다독여 주었다.

"루나, 우리 연습 빡세게 했으니까, 괜찮을 거야. 그치?"

나는 고개를 끄덕였다.

"그리고 틀리면 어때! 아무도 모를 거야."

언니가 웃었다. 댄스부 에이스도 떨린다는데, 내가 떠는 건 당연 오브 당연이다!

"언니, 우리 파이팅해요!"

"그래! 좋아! 될 대로 돼라!"

그 말에 웃음이 터졌다.

"다음 순서는 댄스부입니다."

지효 언니가 우리의 공연을 알렸다. 무대로 천천히 올라갔다. 소민 언니의 말대로, 될 것이다. 노력은 배신을 때리지 않을 거다. 이런 말을 중얼거리면서.

무대에 올라간 순간, 앞이 캄캄했다. 사람이 그렇게 많을 줄이야. 마침, 불이 꺼졌다. 그리고 음악이 크게 나왔다. 나는 음악에 맞춰서 외우고 또 외웠던, 수없이 반복했던, 춤을 추었다. 그런데 배가 또다시 부글부글했다.

'야, 너 지금 아니다. 지금 아니야. 눈치 챙겨라.'

이런 고전 유머가 떠올랐다. 선생님이 방귀가 나오려 하자, 교탁을 탁, 쳤는데 박자가 맞지 않아서, 탁, 뿡, 탁, 뿡 하며 소리가 다 들려서 굴욕당했다던 '설' 말이다.

나, 좀 그랬다. 춤도 추고, 엉덩이에 힘도 주고, 대장을 끊임없이 설득하고 간절하게 빌어야 했다. 무대에 서니 하나도 떨리지 않았다. 혹시라도 춤추다가 '변'으로 망신당할까 두려워서 살이 떨렸을 뿐이었다.

그렇게 인생에서 최고의 위험한 순간을 마치고 내려오는 중이었다. 댄스부원 한 명이 나에게 다가와 조용히 말했다.

"아, 나 대박 틀렸어."

"왜?"

"한참 춤을 추는데 구린내 때문에 다리 풀려서 실수했잖아."

"아……!"

친구야. 정말 미안해. 그거, 나야. 그런데 나, 절대 절대 절대 말하지 않을 테야. 그 대신, 내가 이불 킥을 백 번쯤 할게. 넌 안 해도 돼.

놓을 수 없는 스마트폰

 토요일 아침부터 엄마의 잔소리가 시작되었다. 내가 잔소리 듣기 싫다고 말하자, 엄마는 이건 잔소리가 아니라고 했다. 터무니없는 말이 아니라 진짜 필요한 말이니까 잔소리가 절대 아니란 주장이었다.

 엄마에게 혼이 난 이유는 스마트폰 때문이다. 엄마와 다투는 이유 중 80퍼센트 이상은 스마트폰 때문이었고, 나머지는 생활 습관 때문이었다. 스마트폰 사용도 내 생활 습관이니, 결국 내 생활 습관이 문제라는 소리다.

 내 생활이 도대체 어떠냐고? 아침에 일어나자마자 스마트폰부터 잡고, 공부하다가도 스마트폰을 본다. 잔다고 방으로 들어가 놓고 새벽까지 스마트폰을 하다가 들킨 게 벌써 몇 번이다. '폰압'을 하겠다는 엄마의 말에 기가 팍 죽기보다는 눈을 부릅뜨기까지 했다.

나도 안다. 내가 스마트폰 중독에 가깝다는걸. 내 손에서 떨어지는 순간이 거의 없다는걸. 그렇지만 내 의지로 통제가 잘 안 된다.

오늘 아침 잔소리는 스마트폰을 새것으로 바꿔 달라고 해서 시작되었다. 엄마는 이렇게 말했다.

"네가 스마트폰 주인이 아니라 스마트폰이 네 주인 같아. 네가 스마트폰에 질질 끌려다니는 것 같거든?"

'아니, 폰을 바꾸고 싶은 건 난데, 어떻게 내가 주인이 아니라는 거야?'

그렇게 생각하면서도 나는 다짐했다. 어떻게든 스마트폰을 좀 조절해 써서 엄마에게 칭찬도 받고, 구형 스마트폰을 바꾸겠다고.

"나, 안 볼 거거든!"

그렇게 외치고 방으로 들어와서 나는 스마트폰을 책상 위에 탁 엎어 놓았다. 하지만 내가 엎어 놓은 걸 알았는지, 순식간에 '띠링, 띠링, 띠링' 연달아 톡이 왔다.

이건 빛나 아니면 단톡방이다. 하지만 단톡방은 알림음을 꺼 놓았으니 빛나다.

'아냐. 5분만 참고 공부란 걸 좀 해 보자.'

그렇지만 또다시 울렸다. 띠링, 띠링, 띠링, 띠링, 띠링.

'아이고, 도대체 몇 개를 보내는 거야.'

나는 스마트폰을 도로 들었다. 그 순간, 방문이 열렸고 엄마가 들어왔다.

"너, 또!"

"아, 진짜 잠깐 본 거야."

"잠깐인지 내내 보고 있었는지 어떻게 알아?"

"엄마가 안 믿으면 내가 뭐로 증명하냐고!"

말이 술술 나왔다.

"네가 스마트폰 사용을 절제하면 이번 크리스마스에 스마트폰 바꿔 주려고 했는데. 안 되겠어. 이미 중독 같아."

엄마는 한숨을 훅 내쉬고 나가 버렸다. 내가 이긴 건지, 엄마가 이긴 건지 모르겠다. 아니다. 내가 진 거다. 고물 스마트폰, 아무리 충전해도 금방 닳아 버리는 스마트폰, 톡 하다가 점점 뜨거워지는 스마트폰. 진짜 바꾸고 싶었는데.

맞다. 그 기회를 날린 건 바로 나다. 나도 나를 알 수가 없다. 스마트폰을 보고 있으면, 시간이 너무 잘 갔다. 엄마 말대로, 내가 아니라 스마트폰이 날 조종하는 것 같다. 스마트폰이 나에게 흑마술이라도 부리는 것처럼.

'해 볼 거야. 까짓것, 해내면 되잖아!'
다짐했다.

우선, 상자에 스마트폰을 넣고, 자물쇠를 건 다음, 닫아 버린다. 그리고 다른 일을 한다. 한참 후에야 알아차린다. 그런 다음 엄마에게 보란 듯이 '절제'할 줄 안다고 선언한다.

계획은 완벽했다. 나는 그대로 실행해서 스마트폰이 담긴 상

자를 가지고 엄마에게 갔다.

"엄마, 나 폰압 해 줘."

"뭐?"

"비밀번호는 엄마가 정해. 그리고 절제 잘 하면……."

"좋아. 절제 잘 하면 엄마가 생각해 볼게."

나이스. 됐다.

방으로 들어왔다. 책상 앞에 앉기는 했는데, 막막하다. 스마트폰이 내 손에 없다니. 말도 안 된다. 친구들이랑 연결되지 않았다니. 그야말로 '멘붕'이다. 궁금해서 죽을 것 같다. 스마트폰 없이 내가 할 수 있는 게 있긴 할까?

나는 침대에 누워 버렸다. 며칠 동안 깨어나지 않으면 될까? 하지만 잠도 오지 않았다. 옆으로 누워서 스마트폰으로 아이들의 SNS를 보거나 유튜브를 보거나 DM이나 톡을 하는 것이 얼마나 시간 보내기 좋은데. 그걸 하지 않으니 정말로 할 일이 없었다.

엄마는 나에게 디지털 디톡스를 할 필요가 있다고 했었다. 독소를 빼는 것이 '디톡스'라나. 그러니까 나는 지금 디지털 독을 빼는 중이랄까? 하지만 독을 뺀다 치자. 독약보다 달콤한 내 인간관계는 어쩌란 말인가.

"안 되겠다. 나갈 거야."

나는 방구석에 처박힌 나를 빼내기로 했다. 그런데 난 어디로 가야 하나? 친구들의 전화번호를 하나도 몰랐다. 친구 집에 아침부터 무작정 찾아갈 수도 없다. 그렇게 매일 톡을 보내고, DM을 하는데도 전화번호를 못 외웠다니. 내 머리를 탓했다. 하긴, 번호를 안다 쳐도, 지나가는 사람에게 스마트폰을 빌려서 전화를 걸 수도 없는 노릇이었다. 내 머리에서는 잔머리 공장이 가동되었다. '피시방에 가서 PC 버전 톡을 깔아서 친구를 부른다'까지 생각하다가 머리를 흔들었다.

　'돈이 없어. 그리고 피시방 가 본 적도 없어서 가서 어떻게 하는지 몰라.'

　나는 두 손으로 머리를 감싸 쥐었다.

　"아, 미치겠다."

　할 게 없었다. 그냥 걸었다. 그렇지만, 춥다, 춥다, 춥다. 너무 춥다.

　'이걸 일주일은 해야, 새 스마트폰을 살 수 있어.'

　콧물이 줄줄 흘렀다.

　'추워. 차라리 그냥 집에 가서 자자.'

　집으로 들어왔다. 친구와 연락만 되면 만날 약속이라도 할 텐데. 스마트폰 하나 없을 뿐인데, 온 세상과 끊어진 듯했다. 무능력자가 된 듯했다.

'지희나 빛나랑 약속만 잡자.'

엄마는 화장실에 갔는지 보이지 않았다. 나는 안방으로 들어갔다. 화장대 위에 너무나 유혹적인 자태로 상자가 놓여 있었다.

'안 숨겨 놓았으니, 어쩔 수 없잖아.'

엄마가 오기 전까지, 스마트폰 꺼내기 미션을 성공시켜야 한다. 나는 눈치를 살피면서 비밀번호를 돌렸다.

'0310.'

내 생일도 아니다.

'1126.'

엄마 생일도 아니다.

'0105.'

아빠 생일도 아니다.

세 명의 생일이 아니면 도대체 무슨 날짜가 비밀번호란 말인가.

'2580.'

아무 날도 아니다. 그냥 눌렀다. 그런데 열렸다.

'헐. 뭐냐.'

엄마도 비밀번호를 까먹을 게 걱정됐었나 보다. 어쨌든 나는 스마트폰을 꺼냈다. 그리고 전원을 켰다. 메시지가 막 천 개 정

메시지 3

도 와 있지 않을까 싶었다. 전원이 켜지며 영롱한 빛깔을 뿜어냈다. 난 정말 세상이 180도로 바뀌어 있을 줄 알았다. 나만 빼고 세상 재미있는 일이 다 일어났을 줄 알았다. 그런데.

'엥? 설마. 이게 무슨 일이니?'

고장 났을 거다. 이럴 리가 없다. 몇 시간 동안 나에게 들어온 메시지는 딱 세 개뿐이다. 그것도 광고. 갑자기 현타(현실 자각 타임)가 왔다. 그러니까 나만 이렇게 각종 연락과 연결에 매달리고 있는 걸까? 왜? 무엇 때문에?

  나는 다시 스마트폰을 껐다. 그러고는 상자 안에 넣어 버렸다. 엄마가 백번 말하는 것보다 한 번의 현타가 효과적이었다. 아마 당분간은 절제가 될 것 같았다. 언제까지? 스마트폰 새로 살 때까지? 인내력이 부족한 내가, 과연 계획에 성공할 수 있을 것인가. 나도 궁금했다.

스마트폰 중독 자가 진단

루나: 나, 아무래도 스마트폰 중독 같아.

중생봇: 각종 SNS, 배달 앱, 쇼핑 앱, 게임 앱 등 스마트폰으로 할 수 있는 재미난 것들이 참 많지? 그래서 요즘은 스마트폰에 중독된 사람이 많대.

너도 자가 진단 한번 해 볼래?

질문	전혀 그렇지 않다	그렇지 않다	그렇다	매우 그렇다
1. 스마트폰 이용 시간을 줄이려 할 때마다 실패한다.	①	②	③	④
2. 스마트폰 이용 시간을 조절하는 것이 어렵다.	①	②	③	④
3. 적절한 스마트폰 이용 시간을 지키는 것이 어렵다.	①	②	③	④
4. 스마트폰이 옆에 있으면 다른 일에 집중하기 어렵다.	①	②	③	④
5. 스마트폰 생각이 머리에서 떠나지 않는다.	①	②	③	④
6. 스마트폰을 이용하고 싶은 충동을 강하게 느낀다.	①	②	③	④
7. 스마트폰 이용 때문에 건강에 문제가 생긴 적이 있다.	①	②	③	④
8. 스마트폰 이용 때문에 가족과 심하게 다툰 적이 있다.	①	②	③	④
9. 스마트폰 이용 때문에 친구 혹은 동료, 사회적 관계에서 심한 갈등을 경험한 적이 있다.	①	②	③	④
10. 스마트폰 때문에 학업 수행에 어려움이 있다.	①	②	③	④

출처: 한국정보화진흥원 스마트쉼센터

루나: 나 23점이야.

중생봇: 0~22점 - '일반 사용자'로 건전하게 스마트폰을 사용하고 있지만, 정기적으로 자가 진단을 해야 한다.
23~30점 - '잠재적 위험 사용자'로 스마트폰에 집착하고, 사용 시간이 필요 이상으로 긴 상태래. 절제가 필요하겠지?
31~40점 - '고위험군 사용자'로 스마트폰이 없으면 금단 현상이 일어날 정도로 중독 상태야. 전문가의 도움이 필요하대.

너 지금 잠재적 위험 사용자!

루나: 아, 나 어떻게 절제하지?

중생봇: 습관적으로 스마트폰을 보지 말고, 할 일을 모두 하고 난 다음에 한다든가, 정해진 시간에는 SNS 등의 알람을 끄는 게 어때?

루나: 난 그래도 안 될 것 같은데. 자꾸 보고 싶단 말이야.

중생봇: 스마트폰 사용 시간을 조절하는 앱을 깐다든가, 거실에 둔다든가 엄마에게 맡기는 식의 방법도 사용해 봐.

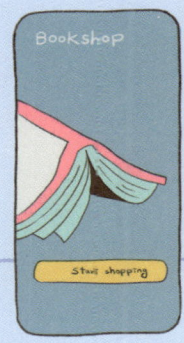

현타 진행 중!

결국 스마트폰은 바꾸지 못한 채 방학이 되었다. 나는 오늘도 스마트폰을 손에 쥐고 카톡에 들어가 친구들의 프로필을 살폈다. 내 루틴이다. 지수, 지희, 그리고 준수까지 모두의 상태 메시지가 바뀌었다. 지수는 이랬다.

뭐, 뭐냐. 왜 2학년이 반갑냐? 난 정말 싫다. 1학년의 꼬리를 끝까지 잡고 늘어지고 싶다. 그래, 백번 양보한다. 이해한다. 지수답다고 인정한다. 공부까지 열심히 하는 지수. 그런데 내 뒷덜미를 붙잡게 한 것은 디데이였다. '이 날짜는 뭘까?' 하고 계산해 보았더니, 4월 말이었다.

'4월 말?'

중간고사? 설마, 설마! 말도 안 돼! 정말? 벌써부터 중간고사를 준비하고 있단 소리?

'신종 중2병인가.'

그러면서 또 생각했다.

'정신 차려. 너 아직 중 2 교과서도 없어.'

그 말을 떠올리고 킥킥대다가 놀릴 마음으로 톡을 보냈다.

'설마 중간고사는 아니지?'

'헐. 정말이냐?'

내 예상과 너무 잘 맞아떨어져서 소름이 돋았다.

근데 너, 2학년 교과서도 없는데 중간고사 대비?

자습서 다 사 놓고 예습 중.

네???????????? ??????????????

톡을 한 이래, 물음표를 제일 많이 쳤다. 그만큼 의문이었다.

'도대체 왜? 아직 2학년 아닌데!'

영어랑 수학은 학원 다니니까 괜찮은데, 과학은 인강 보며 공부 중.

갑자기 멍했다. 난 교과서를 찾아보겠다는 생각은커녕 2학년이 되어 뭘 할지도 생각조차 안 해 봤다. 인강도 틀어 놓고 듣는 둥 마는 둥 했다. 친한 친구의 모습에서 갑자기 낯선 향기가 느껴졌다. 지수가 확 달라진 것도 아닌데, 왜 나랑 똑같을 거라고 생각했을까.

'뭐야. 불안하게.'

준수의 상태 메시지는 이랬다.

'이건 또 뭐야?'

별별고라니. 별별고는 공부를 엄청나게 잘해야만 갈 수 있는 학교다. 시험을 봐서 가는 학교.

'아직 시험도 안 봤는데 목표를 이렇게 정한 거야?'

그런데 거기까지 생각하고 보니, 준수도 매일 성실하게 공부하고 있었던 게 떠올랐다. 학원을 한 번도 빠진 적도 없고 숙제도 게을리하지 않았다. 그래서 얄밉기도 했는데. 어쨌든, 준수도 준비 중이구나.

이번에는 지희를 살펴보았다.

지희 마저도. 그때, 빛나에게 톡이 왔다.

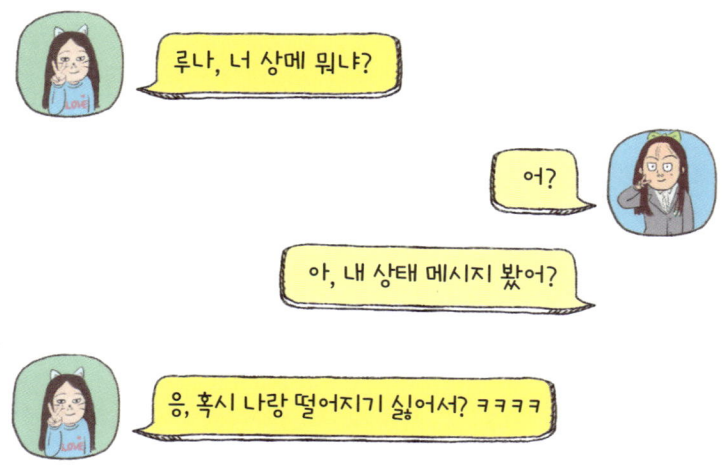

　빛나의 농담에 잠시 웃었지만, 현타가 오는 건 막을 수 없었다. 내 친구들은 미래를 대비하는 멋지고 훌륭한 청소년인데, 나는 뭘까? 난 도대체 뭐 하는 애일까? 무슨 생각을 하며 살아가는 걸까? 나, 이렇게 공부 안 해도 되는 걸까?

　그렇다고 내가 마냥 신나게 노는 것도 아니다. 그저 공부보다 방구석에 앉아서 스마트폰 들여다보는 걸 더 즐기는 이도 저도 아닌 사람이다.

　나는 엄마 때문에 학원을 다닌다고 생각했다. 엄마의 불안함을 잠재워 주는 일종의 보험이랄까? 단 한 번도 내 미래를 위한 투자라고 생각해 본 적이 없다. 왜 나를 괴롭히나, 내 시간을 왜 학원과 나눠 쓰나, 이런 생각도 했다. 그냥 가방만 들고 왔다 갔다 하면서 '학원 전기세 내 주러' 다닐 뿐이었다.

　그러면 나는 뭘 잘할 수 있지? 어른들은 공부를 잘해야 나중에 후회하지 않는다고 했다. 그 말이 무슨 말인지는 나도 알긴 안다. 하지만 공부 잘하는 것이 그렇게 쉬운 일이면, 누가 안 하고, 못하겠는가! 공부 못하는, 안 하는 아이들 대다수가 가장 하고 싶은 게 공부 잘하는 것이라는 사실을 어른들은 모른다. 나도, 하고 싶다. 그래서 친구들에게 '사기캐' 소리 듣고 싶다.

먼 미래까지 생각하니 암담해졌고, 나에 대한 미움도 생겼다. 하지만 이루나의 가장 큰 장점은 잘 까먹고, 나 정도면 괜찮다고 여기는 막무가내의 '자뻑'이다. 그래서 이렇게 외쳤다.

"가 보자고!"

학원, 스터디 카페, 그리고 헤어짐

방학을 앞둔 어느 날이었다. 준수에게 톡이 왔다. 한참 뜸을 들이더니 놀이터에서 잠깐 만나자고 했다.

준수는 무척 화가 난 듯 얼굴이 벌겠다.

"왜? 내가 뭐 잘못한 거라도 있어?"

그래도 준수가 말을 안 했다. 여기서 잠깐, 준수는 초등학교 때 무척 말이 많았다. 말이 너무 많아서 제발 말 좀 그만하길 바라다가 그 말들이 어느 순간 다정하게 느껴졌고, 거기에 중독되어 여태 사귀고 있는 거다. 그런 애가 말을 안 한다. 이러니, 내가 뭔가 심각한 잘못을 저질렀다고 생각하지 않겠는가.

어쨌든, 준수는 한참이나 망설이다 말했다.

"나, 이사 가."

"아니 왜? 이렇게 갑자기?"

"…… 1층으로 이사를 한대."

준수는 동생이 셋이다. 그리고 동생들이 지금 한창 뛸 나이라서 할 수 없이 이사를 한다고 했다. 그러잖아도 층간 소음 때문에 고민이 많다는 이야기를 엄마에게서 얼핏 들은 것 같은데. 그 일로 이렇게 순식간에 이사를 결정하다니.

"우리 엄마가 그러는데 애들은 땅을 밟고 살아야 한다나?"

나는 화가 벌컥 났다.

"야, 그럼 너 때는? 넌 뭐 땅 안 밟아도 돼? 넌 뭐, 새야?"

준수가 한숨을 훅 내쉬며 말했다.

"내 말이……."

그러다가 또 이런 말을 했다.

"애들이 진짜 뛰긴 해. 셋이 뛴다고 생각해 봐. 아랫집은 무슨 죄야. 나도 말리느라 고생이긴 했어."

나도 덩달아 한숨을 쉬었다.

"그래서 어디로 가는데? 학교는? 전학 가?"

"학교랑 더 가까운 집으로 구했대."

"아! 그, 그럼 됐네."

다행이다. 전학까지 가는 줄 알았는데 말이다.

그 말을 한 게 엊그제 같은데, 준수가 이사를 가 버렸다. 5학년 때부터 중학교 1학년 때까지 거의 매일 보던 얼굴이었는데. 말로 표현할 수 없게 아쉽고 또 서운했다. 학교에서 본다지만, 지금은 겨울 방학이니까 매일 보기는 어렵다. 조금 특별한 친구, 준수와 관계가 흔들리는 건 아닐까? 하는 생각도 들었다.

"치, 강준수……."

준수가 이사를 가 버리고 가장 허전해진 시간은 학원 갈 때였다. 엘리베이터가 매번 멈추던 5층에 멈추지 않고 내려갔다.

"되게 빠르네."

혼잣말처럼 구시렁거렸다. '만남은 쉽고, 이별은 어려워'라는 노랫말의 뜻을 이제야 깨달았다. 나 혼자 남아서 이별을 받아들이려니 외로웠다.

학원에 가기 무척 싫었다. 그렇다고 딱히 갈 데도 없었다. 고개를 땅에 박고 걸어갈 때였다. 누군가 뒤에서 숨까지 헐떡이면서 쫓아왔다.

"이루나!"

나는 뒤를 돌아보았다.

"어? 너는."

우리 반 제일가는 모범생 소율이다. 일주일도 안 되어 매시간 들어오는 선생님들에게 지목받은 '내추럴 본 범생이'. 아이들이 아무도 대답을 안 하고 있으면 정답을 말하는 그 이름, 하소율.

"안녕, 하소율?"

"루나, 학원 가?"

"응. 어떻게 알았어?"

"뭐래~ 이 시간에 가방 메고 있으면 학원 가는 거지."

"명탐정 코난인 줄."

소율이가 깔깔 웃었다.

"소문대로네."

"뭐? 나 소문났어?"

"몰랐구나. 너 말할 때마다 빵빵 터진다던데."

"내가?"

나도 모르던 걸 네가 알다니. 역시 모범생.

"같이 가자. 나 저기 햄버거 가게 건물 가는데."

"어? 나도! 넌 어디 가는데?"

"나는 저 건물에서 산다, 살아."

나는 고개를 갸웃거렸다.

"우선, 아침에는 영어 학원 특강을 듣고요. 점심을 먹은 다음에는 수학 학원에 가요. 수업이 끝난 다음에는 스카에 가지요."

"스카?"

"스터디 카페!"

스칸디나비아반도, 이런 건 줄 알았는데 이 역시도 '별다줄'

이었다.

"아, 그 스카!"

"응!"

"그럼 아침에 영어는 다녀온 거야?"

"응!"

소율이가 해맑게 웃었다.

"좋아?"

"응. 그런데 뭐가?"

"뭐가 좋은지도 모르면서 좋다고 했어? 학원 다니는 거 말이야."

"응. 방학을 해서 학교에 못 가는 게 조금 아쉽기는 하지만, 괜찮아."

그게 무슨 말이야. 학교에 못 가는 게 조금 아쉽다니.

"스카 갈래?"

"그래!"

나는 충동적으로 스카에 갔다. 충동적으로 간 곳이 스카라니! 낯설어서 살짝 위축되었지만 뭔가 색다른 느낌이었다. 소율이의 안내로 키오스크에서 1일권을 사서 자리까지 선택했다.

'와, 조용하다.'

첫 느낌이었다. 그런데 나만 빼고, 다들 여기를 알고 있었나

보다. 아이들이 좀 있었다. 학교에서 본 얼굴들도 있었고, 지효 언니도 있었다.

'대박.'

나는 자리에 앉았다. 자리에 앉았는데 자꾸만 꼼지락거렸다. 너무 조용하니까 나도 조용해야 할 것 같은데, 자꾸만 바스락거릴 일이 생겼다. 마음을 잡고 책을 뚫어져라 쳐다보았다. 묘했다.

사각거리는 소리나, 책장 넘어가는 소리가 조금 적응되니까 현타가 찾아왔다. 이런 게 중학 생활이었나. 아니지. 고등학생들이 많은 거겠지?

조금 있으니 누군가의 발소리가 들렸다. 소율이였다.

'어? 왜?'

그러자 소율이가 톡을 보냈다.

스카에 온 지 얼마 안 되어 엉덩이를 떼는 것 같았지만 나는 이미 현타를 맞았고, 사람들이 이렇게 공부한다는 것에 큰 충격

을 받았으므로 휴식이 필요했다. 어쨌든 나는 지금, 스카와 '차차 알아 가는 단계'니까.

　우리는 어떤 우연에 의해서 거리가 멀어지기도, 가까워지기도 한다. 만나고 또 헤어지고, 또다시 만나 인연을 맺는다. 도대체 누가 그렇게 만들고 있는 걸까. 나는 우연과 인연, 그리고 만남과 헤어짐을 생각하며 초코바를 베어 물었다.

학원 vs 과외 vs 인터넷 강의

루나: 아, 정말로 어떻게 공부해야 할지 모르겠어. 학원에 다니긴 하는데, 나한테 맞는 걸까? 다른 방법은 없을까?

중생봇: 공부할 때 도움을 받을 수 있는 수단으로는 **학원**, **과외**, **인터넷 강의** 정도가 있어.

루나: 장단점을 모르겠어. 나에게 뭐가 더 맞는지 모르겠고.

중생봇: 한번 살펴볼래?

	장점	단점
학원	- 체계적인 커리큘럼을 갖춘 곳이 많다. - 학교 내신 대비를 위한 정보들이 많다.	- 개개인의 맞춤 교육이 어렵다. - 학생 스스로 학습하려는 자세가 중요하다.
과외	- 관리가 잘된다. - 학원이나 인강에 비해 선생님과 학생 간의 소통이 원활하다. - 부족한 부분에 대해 맞춤 교육이 가능하다.	- 자신과 맞는 선생님을 찾는 게 힘들다. - 비싸다.
인터넷 강의	- 콘텐츠가 많다. - 언제 어디서나 교육받을 수 있다.	- 강제성이 없어 관리가 어렵고, 의지가 없으면 무용지물이 되기 쉽다.

중생봇: 이처럼 각 방법에 따라 장단점이 있으니 잘 살펴보고 나에게 맞는 공부법을 찾는 게 중요하겠지?

사춘기 대 중학 생활

사실, 나는 잘 모르겠다. 중 1을 지냈지만, 여전히 물음표투성이다. 중학생이 되자마자 예비 중 2가 된 것만 같다. 시간이 느리게 흘러간다고 생각했는데 눈을 떠 보니 어느새 지금에 이르렀다.

사춘기와 중학 생활은 도무지 양립하기 힘든 정반대의 일이라고 생각해 왔었다. 하지만 난 요즘 떠올린다. 어른들이 만날 하는 그 말, '좋은 때다'라는 바로 그 말을! 정말 내가 좋은 때에 와 있는 걸까?

얼마 전에 예비 고1이 되는 지효 언니를 만났다. 공부의 신이고, '갓생'을 살고 있는 지효 언니의 표정이 조금 어두웠다.

"언니, 어디 아파요?"

"아니. 안 아파."

"그럼 왜 그래요?"

언니는 그냥 웃어 보이기만 했다.

"나, 요즘 후회해."

"네? 뭐요?"

도무지 이해할 수가 없다. 언니가 후회하는 중학교 생활이라니?

"소민이처럼 하루만이라도 살아 볼걸, 하는 생각이 자꾸 들어."

"네?"

"그런데 내가 참 다행이다 싶은 건 뭔지 알아?"

"뭐요?"

"소민이처럼 365일을 살지 않은 거."

"아……."

나는 그저 고개를 끄덕일 수밖에 없었다. 모범생이고 갓생을 사는 지효 언니가 바란 게 소민 언니의 그 많고 많은 자유로운 날 중 하루라니 말이다.

"넌 이해가 갈지 모르겠지만, 공부를 아무리 잘해도 나보다 더 잘하는 사람은 늘 있거든. 그걸 깨닫는 날에는 그냥 막 풀어져서 놀고 싶어. 그런데 난 왜 사춘기도 안 오는지."

나는 피식 웃음이 났다.

"사, 사춘기요?"

"그래. 난 그 흔하고 흔한 중2병이나 사춘기도 안 겪어 봤어."

나는 또다시 피식 웃었다.

"왜 웃어?"

"아, 아니요."

그러면서 허벅지를 꼬집었다. 분명히 소민 언니가 내게 말했었다. 지효 언니는 365일이 사춘기고, 예민하다고 말이다. 공부 조금 한다고 유세라고. 역시, 모든 문제의 답을 다 알 것 같은 공부의 신도, 자기 문제는 잘 모르는구나, 뭐 그런 생각이 자꾸 들어서 웃음이 났지만 꾹꾹 참았다.

"어, 언니. 파, 파이팅!"

나는 언니를 향해 양손으로 엄지손가락을 세워 보였다.

"언니, 언니는 내가 만난 사람 중에 제일 공부 잘해요. 그리고 내가 만난 사람 중에 제일 절제도 잘하고요."

진심이었다. 언니가 피식 웃었다.

"고맙다."

"히히! 뭇찌다(멋지다), 갓지효!"

그 말을 들은 언니가 밝게 웃었다. 역시, '인정'해 주는 것보다 더한 위로가 없는 걸까? 나도 가방을 다시 둘러멨다.

오늘 하루쯤은 학원에 서둘러 나가려고 한다. 조금 일찍 가서, 가는 길에 친구를 만난다면 함께 편의점에 들어가 볼까 한다. 이런 소소한 즐거움도 중학 생활의 일부지.

또다시 시작된 '예비'라는 말. 겨울 방학에는 찾아보고 싶었다. 나를 어떤 시간에 놓을지 말이다. 끝도 없이 계속 노는 삶과 놀지 않는 삶. 공부를 하지 않는 삶과 공부를 하는 삶. 그 중간의 삶.

지금 당장 찾겠다는 말이 아니다. 생각이 여기까지 미친 것도 대단하다고 여긴다.

뭐가 되고 싶은지, 아직 나에게 묻지 말기를 바란다. 선생님이 되고 싶고, 운동선수가 되고 싶고, 연예인이 되고 싶고, 공무원이 되고 싶다는 그런 말은, 정말 생각해 보지 않고 뱉은 말이다. 그런데 지금은 진짜로 생각 중이다. 내가 뭘 좋아하는지, 공부는 왜 해야 하는지, 사람들과는 어떻게 지내야 하는지, 모든 것들을 생각하고 또 생각하고 있다.

몸이 커지는 만큼 정신도 성장하는 이 시기!

나, 지금 진지하다. 그러니까 나는 점점 더, 성장할 것이다.

그때, 문자 메시지가 들어왔다.

 반 배정 실시간으로 확인해 드림.

　학원 선생님이었다. 선생님은 1년 전과 크게 다르지 않았다. 물론 나도 그렇다. 조금 성장하긴 했지만, 그래도 이루나는 이루나다. 나는 기왕이면, 좋은 친구들을 만날 수 있길! 그리고 진짜 나의 최애 선생님이 담임 선생님이 되길 기대하며 학원으로 향했다.
　그냥 이 시간에 몸을 맡겨 볼래. 아, 물론 무대 찢던 실력처럼 패션 있게!